Goldafter

Blutströpfchen

Nonne

Kiefernspinner

Wolfsmilchschwärmer

Ligusterschwärmer

♂

♀

Kleiner Frostspanner

Kiefernspanner

Rotes Ordensband

Hausmutter

Forleule

D1669825

Biologie heute 2 H

**Ein Lehr- und Arbeitsbuch
für Hauptschulen (7.–9. Schuljahr)
in Hessen**

Schroedel Schulbuchverlag

Biologie heute 2 H

Herausgegeben und bearbeitet für Hessen von
Gerhard Olschewski

Dieses Werk ist eine Bearbeitung von
Biologie heute 2 H

Herausgegeben von   **unter Mitarbeit**
Günter Rabisch   der Verlagsredaktion
Karl-Heinz Scharf
Wilhelm Weber

Bearbeitet von
Hans-Günther Beuck   Günter Rabisch
Ernst-August Kuhlmann   Dietrich Rütten
Christoph Macke   Dr. Karl-Heinz Scharf
Erhard Mathias   Prof. Dr. Wilhelm Weber
Dr. Rolf Pommerening

Illustrationen
Gabriela Bauer   Liselotte Lüddecke
Birgitt Biermann   Werner Ring
Katharina Lausche   Eva Maria Scharf

ISBN 3-507-76240-4

© 1985 Schroedel Schulbuchverlag GmbH, Hannover

Druck A $^{5\ 4\ 3\ 2}$ / Jahr 1989 88 87 86

Alle Drucke der Serie A sind im Unterricht parallel verwendbar. Die letzte Zahl bezeichnet das Jahr dieses Druckes.

Gesamtherstellung:
Universitätsdruckerei H. Stürtz AG, Würzburg

Fotonachweis

Titel: Pfletschinger/Angermayer; 5.1.: Krebs; 6.1.: Huhnholz/MAURITIUS; 6.2.: Schmied/MAURITIUS; 8.1., 8.2.: Rabisch; 12.2.: Lennart Nilsson, aus: Unser Körper – neu gesehen, Herder, Freiburg; 14.1., 15.1.: Krebs; 18.1.: Rogge; 20.1.A: Deutsches Museum, München; 21.1.: Photri/ZEFA; 23.1.: Lieder; 23.3.: Lennart Nilsson, aus: Unser Körper – neu gesehen, Herder, Freiburg; 25.1.: Fritsche/ZEFA; 25.2.: dpa; 26.1.: Mathias; 27.1.: Naturmuseum Senckenberg, Franzen; 27.2.: Mchugh/OKAPIA; 30.1., 32.1.: Naturmuseum Senckenberg, Franzen, Haupt; 35.1.: Hanumantha/ZEFA (oben), XENIEL/Plöttner (unten); 37.1.: Cramm; 37.2.: Root/OKAPIA; 38.1.: SILVESTRIS; 38.2., 39.1.: Cramm; 39.2.: Rademacher/OKAPIA (A), Zettl/OKAPIA (B); 40.1.: Bavaria; 42.1.: The Cleveland Museum of Natural History; 46.1.: Hugo van Lawick. In the Shadow of Man, Collins, London; 47.1.: Rainbird Publishing, London; 47.2.: Rogge; 48.1.: dpa (links), Zefa London/ZEFA (rechts); 48.2.: SILVESTRIS; 49.1.: Luz/ZEFA; 49.2.: Rudolph/BAVARIA (links), Thiele/ZEFA (rechts); 50.1.: Rogge; 51.1.: Davies/ZEFA; 51.2.: Pfletschinger/Angermayer; 52.1.: Jung; 52.2.: Pfletschinger/Angermayer; 54.1.: Rogge; 54.2.: Voigt/ZEFA; 55.1.: Rogge; 56.1.: Wisniewski/ZEFA; 57.1.: Daudt; 58.1.: Rogge; 58.2.: Jogschies/SILVESTRIS; 59.1.: Collignon; 59.2.: V-DIA-Verlag; 60.1.: Reinhard/Angermayer; 61.1.: Kacher; 61.2.: Schutz; 62.1.: Nina Leen, LIFE Magazin 1965, Time Inc.; 63.2.: Photomedia/BAVARIA; 64.1.: Fayn/Petit Format; 65.1.: Rogge; 65.2., 66.1.: Krebs; 66.2.: dpa; 67.1.A: Philipps; 67.1.B: Rogge; 68.1.: Uselmann/SILVESTRIS; 69.1.: Rogge; 69.2.: Krebs; 70.1.: König (weiße Wunderbl.); 71.1.: Pfaff/ZEFA (weißes Löwenmaul), Eckhardt/SILVESTRIS (rotes Löwenmaul); 73.1.: Reinhard; 73.2.: Angermayer; 74.1.: Scharf; 76.1.: Fonatsch; S. 77, 78.2.: Lieder; 80.1.A: Apel; 80.1.B: Steineck; 81.1.A: Deymann/SILVESTRIS; 81.1.B: Neubüser/OKAPIA; 82.1.: Grasser/MAURITIUS; S. 83 (Exk.): ZEFA; 84.1.: Scharf; 86.1.: Rogge; 86.2.: Fonatsch; S. 91 (1): Weber; S. 91 (2–6): IMA, Hannover; 92.1.: dpa; 92.2: OKAPIA; 93.1.: Angermayer; 93.2.: ZEFA; 93.3.: Vogeler/OKAPIA; 93.4.: Rue/BAVARIA; 94.1.: Mühlbauer/SILVESTRIS; 95.1.: Rogge; 98.1.: Krebs; 98.2., 99.1.: Rogge; 99.2.: SILVESTRIS; 101.1.: Kage; 102.1., 102.2.: Petit Format/Nestlé; 103.2.: Oechslein/MAURITIUS; 103.3.: Prenzel/SILVESTRIS; 104.1.: Siemens AG, Erlangen; 105.2.: ELTERN/Ahrens; 106.1.: Hanig/MAURITIUS; 106.2.: Cash/MAURITIUS; 107.1.: Museum für Deutsche Volkskunde, Berlin-Dahlem; 108.2.: Schumacher; 109.1.: SILVESTRIS; 109.2.: dpa; 110.1.: Tegen; 111.1.A: FWU, München; 114.1.: Cash/MAURITIUS; 114.2.: Uselmann/SILVESTRIS; 115.1.: Candeler/MAURITIUS; S. 117 (Exk.): Jung (Blutausstriche), Kage (REM-Aufn.); S. 121: Jung; 124.1.: Macke; 124.2.: Krebs; 126.1.: Tegen; 126.2.: Bildarchiv für Medizin, München; 127.1.: Schumacher; 128.1.: dpa; 130.1.: Rogge; 130.2.: Jaenicke; 131.1.: AGA Optronik; 134.1.: Bildarchiv für Medizin, München; 135.1.: Scharf; 137.1., 137.2.: Bildarchiv für Medizin, München; 138.1.: Rogge; 140.1.: Reinbacher; 142.1.A,B: Rogge; 142.1.C: Pokorny/Naturbild AG;

144.1.: Keresztes/ZEFA; 145.1.: Bob/MAURITIUS; 145.2.: Freytag/MAURITIUS; 146.1.A: Birke/Photo-Center; 146.1.B: Jung; 146.1.C: V-DIA-Verlag; 146.1.D: Sauer/ZEFA; 147.1.A: V-DIA-Verlag; 147.1.B,C,D: Jung; 150.1.: Rütten; 151.2.: Blickle; 153.1., 153.3.: Rausch/SILVESTRIS; 153.2.: Hackenberg/ZEFA; 153.4., 153.5., 153.6.: Tegen; 154.1.: Staedele/dpa; 154.2.A: Thonig/MAURITIUS; 154.2.B: Damm/ZEFA; 156.1.: Sauer; 156.2.: Weber (A, E), de Cuveland (C, D, F), Bormann/BAVARIA (B); 157.1.: Mathias; 158.1.: Dobers; 158.2.: Stotz.

Inhaltsübersicht

Sinnesorgane und menschliche Umwelt

5.1. Michael beim Fernsehen

1. Sinnesorgane vermitteln den Kontakt zur Umwelt

Im Fernsehen läuft ein Krimi. Michael schnappt sich die Kekse, macht die große Wohnzimmerlampe aus und läßt sich im Fernsehsessel gemütlich nieder. Da er nicht alles verstehen kann, stellt er den Ton lauter. Die Handlung ist spannend. In der Nähe der Heizung wird es Michael bald zu warm. Er tastet deshalb nach dem Ventil und stellt die Heizung ab. Von den Keksen hat er inzwischen Durst bekommen. Also springt er auf und besorgt sich aus der Küche etwas Trinkbares. Etwas später steht sein Vater hinter ihm. Michael hat ihn am Zigarettenrauch bemerkt.

Warum zählen wir diese ganz alltäglichen Dinge hier auf? Nun, stelle dir einmal vor, Michael könnte weder *sehen* noch *hören* und auch nicht *schmecken, riechen* oder *fühlen*. Wie hätte sein Verhalten dann ausgesehen?

Du erkennst, daß wir mit Hilfe unserer *Sinne* mit der Umgebung in Verbindung stehen und uns in ihr zurechtfinden. Aber nur bestimmte Organe, die **Sinnesorgane,** sind in der Lage, *Reize* aus der Umwelt aufzunehmen. Das **Auge** zum Beispiel nimmt *Lichtreize* auf und liefert uns Bilder, während das **Ohr** *Schallwellen* von Tönen und Geräuschen verarbeitet. **Zunge** und **Nase** wiederum sind empfänglich für *Geschmacks-* und *Geruchsreize* und vermitteln uns Geschmacks- und Geruchsempfindungen. Ein vielseitiges Sinnesorgan ist die **Haut.** Sie kann *Druck-, Schmerz-, Kälte-* und *Wärmereize* aufnehmen und verarbeiten.

Es gibt aber auch Umweltreize, die wir nicht wahrnehmen können. Dazu gehören radioaktive Strahlen, Röntgenstrahlen, ultraviolettes Licht, Ultraschallwellen und Kohlenstoffmonoxid-Gas. Uns fehlen dafür die Sinnesorgane, oder die vorhandenen sind für die Aufnahme dieser Reize nicht in der Lage.

Die Bedeutung der Sinnesorgane bei der Aufnahme von Reizen aus der Umwelt, der besondere Bau der Sinneszellen und die Rolle des Gehirns bei der Reaktion auf Umweltreize wird in den folgenden Abschnitten des Kapitels aufgezeigt.

1. Betrachte Abbildung 5.1.! Welche Sinnesorgane nehmen welche Reize der Umgebung auf?

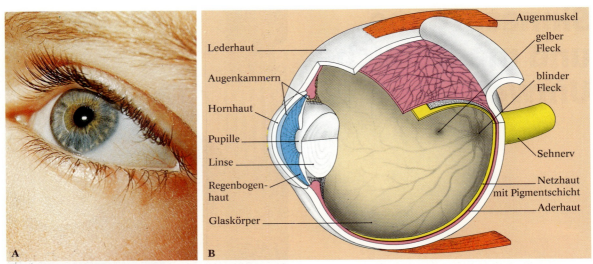

6.1. Auge des Menschen. *A Blick ins Auge; B Bau des Augapfels. Der Augapfel besteht aus drei Häuten: Die lichtempfindliche **Netzhaut** ist die innere Schicht. Sie wird von der dunklen **Aderhaut** umgeben. Die Außenhülle bildet die feste, weiße **Lederhaut,** die vorn in die durchsichtige Hornhaut übergeht.*

2. Was unsere Sinnesorgane leisten

Erst Sehtest – dann Führerschein!

Wer den Führerschein erwerben will, muß sich vorher einem Sehtest unterziehen. Nicht selten ergibt die Untersuchung, daß der Führerschein-Kandidat nur vermindert sehtüchtig ist. Oft weiß der Betroffene gar nichts von seiner Sehschwäche. Meist hilft eine Brille, den Sehfehler auszugleichen. Bewerbern mit schweren Sehstörungen wird die Fahrerlaubnis nicht erteilt.

6.2. Sehtest

1. Wie kann sich vermindertes Sehvermögen im Straßenverkehr auswirken?

2.1. Das Auge – unser „Fenster" zur Umwelt

„Blinde Kuh" ist ein beliebtes Kinderspiel. Mit verbundenen Augen soll ein Fänger Mitspieler ergreifen, muß sich zurechtfinden und darf nichts umstoßen. Wenn du früher selbst einmal „blinde Kuh" warst, weißt du, wie schwierig es ist, ohne die Augen auszukommen. Das Auge liefert uns – ähnlich einem Fotoapparat – Bilder von unserer Umwelt. Wie entstehen aber diese Bilder?

Von einem Gegenstand, zum Beispiel einer Tasse, wird Licht zurückgeworfen. Beim Sehen gelangt dieses Licht über die durchsichtige **Hornhaut** und die **Linse** in den **Augapfel.** Er ist mit einer klaren Masse, dem **Glaskörper,** ausgefüllt. Erst an der Augenrückwand, wo die lichtempfindliche **Netzhaut** den Augapfel auskleidet, entsteht ein Bild von der Tasse. Dieses Bild ist verkleinert, seitenverkehrt und steht auf dem Kopf. – Beim Sehen hast du natürlich den Eindruck, daß alle Gegenstände der Umwelt seitenrichtig und aufrecht erscheinen. Diese „Umkehrung" erfolgt im Gehirn.

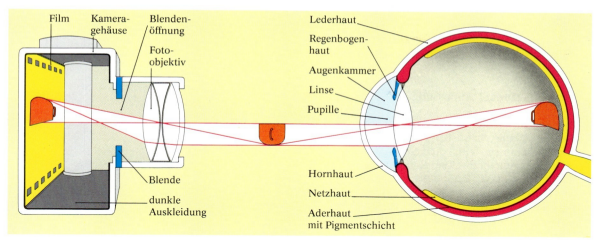

7.1. Fotoapparat und Auge – ein Vergleich. *Kameragehäuse – Augapfel; Fotoobjektiv – Hornhaut mit Augenkammer und Linse; Film – Netzhaut; Blendenöffnung – Pupille; Öffnung und Schließen der Blende – Erweitern und Verengen der Regenbogenhaut.*

2. Wie entsteht ein Bild im Augapfel? Beschreibe mit Hilfe der Abbildung 7.1.!

Wo aus Lichtstrahlen Bilder werden: Die Netzhaut

In der Netzhaut findet man zwei Formen lichtempfindlicher **Sinneszellen:** Etwa 75 Millionen *Stäbchen* und 3 Millionen *Zapfen.* Die Stäbchen sind darauf spezialisiert, hell und dunkel zu unterscheiden. Wegen ihrer großen Lichtempfindlichkeit dienen sie in erster Linie dem Sehen in der Dämmerung. Die Zapfen dagegen ermöglichen das Farbensehen bei Tage. Dort, wo sie besonders dicht stehen, bilden sie den *gelben Fleck.* Das ist die Stelle auf der Netzhaut, an der man am schärfsten sehen kann.

Vor den Stäbchen und Zapfen liegen die ableitenden *Nervenzellen.* Die Fortsätze der Nervenzellen vereinigen sich zu einem Strang – wie bei einem Kabel, das aus vielen dünnen Einzelfasern besteht – und bilden so den **Sehnerv.**

An der Stelle, wo der Sehnerv den Augapfel verläßt, fehlen Sinneszellen. Lichtreize können hier nicht aufgenommen werden. Man bezeichnet diese Stelle der Netzhaut als *blinden Fleck.* Die von der Netzhaut aufgenommenen Lichtreize gelangen über den Sehnerv zum Gehirn.

3. Zeichne mit schwarzem Filzstift auf ein Blatt Papier links ein Kreuz und rechts davon in einem Abstand von ca. 7 cm einen ausgemalten Kreis von 1 cm Durchmesser. Schließe das linke Auge und schaue mit dem rechten Auge das Kreuz fest an. Ändere den Abstand zwischen Papierbogen und Auge. Welche Beobachtung machst du bei einer bestimmten Entfernung? Erkläre die Erscheinung!

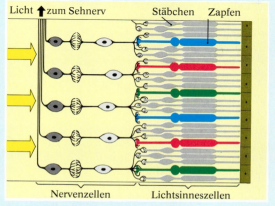

7.2. Bau der Netzhaut

Wie sich das Auge unterschiedlichen Sehbedingungen anpaßt

Die Hell-Dunkel-Anpassung

Wenn du aus heller Umgebung in die Dunkelheit kommst, kannst du vorübergehend nichts erkennen. Trittst du dagegen unvermittelt aus einem dunklen Raum ins helle Licht, wirst du geblendet. Aber nach kurzer Zeit haben sich die Augen dem Lichtwechsel angepaßt.

Zwischen Hornhaut und Linse reguliert nämlich die **Regenbogenhaut,** auch *Iris* genannt, den Lichteinfall ins Augeninnere. Feine Muskeln sorgen dafür, daß sich die Regenbogenhaut ohne unser Zutun zusammenziehen oder ausdehnen kann. Dadurch erweitert oder verengt sich in der Mitte der Regenbogenhaut die Öffnung, die als **Pupille** bezeichnet wird. Auf diese Weise kommen immer nur so viele Lichtstrahlen ins Auge, wie zum Sehen notwendig sind. Diese Anpassung schützt unsere Augen vor Schäden.

 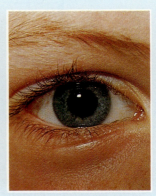

8.1. Auge bei Helligkeit   *8.2. Auge bei Dunkelheit*

4. Beobachte Regenbogenhaut und Pupille eines Mitschülers, der die Augen einige Zeit geschlossen hatte. Laß ihn anschließend ins Licht blicken. Die Versuchsperson soll aber nicht geblendet werden! Erläutere die beobachteten Veränderungen!

Die Nah-Fern-Anpassung

Beim Fotoapparat wird durch Drehen des Objektivs der Abstand zum Film verändert. Dadurch erhält man scharfe Bilder. Unser Auge jedoch stellt sich selbständig auf nahe oder ferne Gegenstände ein. Das geschieht durch Veränderung der Linsenwölbung. Die elastische Linse ist ringsherum an *Linsenbändern* aufgehängt. Beim Sehen in die Ferne sind sie straff gespannt und ziehen die Linse flach. Dadurch kommen scharfe Bilder von entfernt liegenden Gegenständen auf der Netzhaut zustande.

Wenn wir jedoch Gegenstände in der Nähe betrachten, zieht sich der *Ringmuskel* zusammen. Dadurch entspannen sich die Linsenbänder und die Linse nimmt eine stärker gewölbte Form an. In diesem Zustand werden nahe Gegenstände auf der Netzhaut scharf abgebildet.

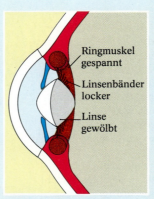 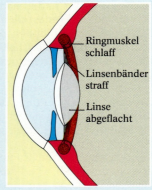

8.3. Naheinstellung der Linse   *8.4. Ferneinstellung der Linse*

5. Halte einen Finger ca. 20 cm vor dein Gesicht und sieh ihn mit einem Auge an. Wie erscheinen die Gegenstände im Hintergrund? – Was passiert aber mit dem Finger, wenn du die Gegenstände im Hintergrund scharf siehst?

Wer aus

35 cm Entfernung diesen

Text nicht bis zum Ende lesen kann

der sollte einmal seine Augen von

einem Augenarzt untersuchen lassen!

Dieser kann feststellen, ob die Augen gesund sind

oder ob man eine Brille braucht.

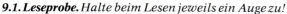

9.1. Leseprobe. *Halte beim Lesen jeweils ein Auge zu!*

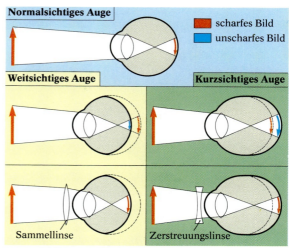

9.2. Sehfehler und ihre Korrektur

1. Beschreibe die Sehfehler in Abbildung 9.2. Wie werden sie korrigiert?

2.2. Bestimmte Sehfehler lassen sich korrigieren

„Mit Brille wär' das nicht passiert!" lautet gelegentlich der etwas schadenfrohe Ausspruch, wenn jemand etwas übersehen hat. Und in der Tat, wenn dieses Übersehen eine Folge mangelnder Sehschärfe ist, kann eine Brille in den meisten Fällen Abhilfe schaffen.

Beim Normalsichtigen werden die Lichtstrahlen so gebrochen, daß genau auf der Netzhaut ein scharfes Bild entsteht. Aufgrund verschiedener Formen von *Fehlsichtigkeit* ist das bei vielen Menschen aber nicht der Fall.

Ein häufiger Sehfehler ist die **Kurzsichtigkeit.** Betroffene können nahe Gegenstände besser erkennen als ferne. Ursache ist ein zu langer Augapfel. Ein scharfes Bild kann nur vor der Netzhaut entstehen, so daß es auf der Netzhaut schon wieder unscharf ist. Eine Brille mit Zerstreuungslinsen kann den Fehler ausgleichen.

Weitsichtige sehen in der Ferne alles scharf, nahe Gegenstände sind für sie jedoch unscharf. Ursache ist ein zu kurzer Augapfel. Bei **Weitsichtigkeit** könnte ein scharfes Bild nur hinter dem Augapfel entstehen, so daß es auf der Netzhaut noch unscharf ist. Eine Sehhilfe mit Sammellinsen stellt die Sehtüchtigkeit wieder her.

Weitere Sehfehler sind *Alterssichtigkeit* und *Hornhautverkrümmung*. Bei der Alterssichtigkeit nimmt die Elastizität der Linse ab. Sie kann sich nicht mehr so stark wölben. Nahe Gegenstände werden deshalb nicht mehr scharf gesehen. Als Folge einer Hornhautverkrümmung entsteht auf der Netzhaut ein verzerrtes Bild. Beide Sehfehler lassen sich mit Brillen ebenfalls beheben.

Netzhautschäden und Trübungen von Hornhaut und Linse sind ernste Erkrankungen, die das Sehvermögen bis zur vollkommenen Blindheit beeinträchtigen können. Beim **Grauen Star** ist die Linse milchig getrübt, so daß man alles nur noch wie im Nebel sieht. In schweren Fällen wird die erkrankte Linse operativ entfernt. Eine Spezialbrille muß dann ihre Brechungswirkung ersetzen und die Sehkraft wieder herstellen.

2. Brillen schützen auch die Augen. Wann sollte man unbedingt Schutzbrillen tragen?

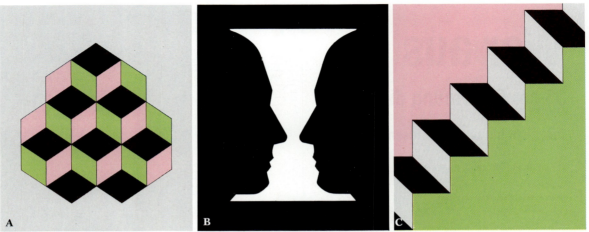

10.1. Umspringbilder. *Für alle Betrachter sind die Farben, Flächen und Linien dieser Zeichnungen völlig gleich. Trotzdem sehen nicht alle dasselbe.* **A** *Wieviele Würfel kannst du zählen, 6 oder 7?* **B** *Siehst du einen Kerzenständer oder zwei Profile von Gesichtern, die sich fast mit der Nasenspitze berühren?* **C** *Hast du den Eindruck, auf oder unter die Treppenstufen zu blicken? – Schau dir die Abbildungen weiter an. Verändert sich nach einiger Zeit etwas? „Springen" die Bilder „um"?*

10.2. Optische Täuschungen bei Farben. *Die Wirkung einer Farbe hängt nicht nur von ihrem Farbton ab. Eine wichtige Rolle spielen auch die umgebenden Farben. Sie beeinflussen unsere Wahrnehmung, ohne daß wir es zunächst merken. Prüfe das nach. Betrachte dazu aus einiger Entfernung jeweils das Rot in den beiden Flächen. Was fällt dir auf? Überprüfe anschließend das Rot beider Flächen gleichzeitig, indem du die umgebenden Farbflächen mit Papierstreifen abdeckst.*

2.3. Können wir unseren Augen trauen?

Hast du nicht auch schon einmal behauptet: „Ich glaube nur das, was ich wirklich mit eigenen Augen sehe"? Die Beispiele auf dieser Buchseite sollen dir zeigen, daß man tatsächlich seinen Augen nicht immer trauen kann.

Bei den **Umspringbildern** zum Beispiel ist es möglich, daß deine Klassenkameraden etwas anderes sehen als du. Das beweist, daß beim Sehvorgang nicht nur die Augen beteiligt sind, sondern auch das Gehirn. Beim Ansehen eines Gegenstandes erhalten die lichtempfindlichen Sinneszellen der Netzhaut Reize, die von den Helligkeits- und Farbunterschieden ausgehen. Diese Signale gelangen über den Sehnerv ins Gehirn. Hier werden sie zu einem Bild verarbeitet. Dabei werden auch Erfahrungen, die das Gehirn im Laufe unseres Lebens gespeichert hat, mitverwendet. Beim Sehen wirken also Augen und Gehirn immer zusammen.

Die gespeicherten Erfahrungen im Gehirn sorgen dafür, daß wir uns schneller in unserer Umwelt zurechtfinden. Liefert das Auge jedoch Bilder, die den gespeicherten Erfahrungen zu-

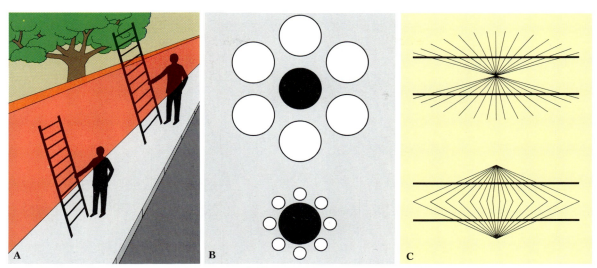

11.1. Optische Täuschungen bei Mustern und Formen. *Wie wir zum Beispiel Linien, Flächen oder Größenverhältnisse von Gegenständen wahrnehmen, hängt von ihrer Umgebung ab. Beschreibe die optischen Täuschungen. Prüfe mit dem Lineal nach!*

widerlaufen, kommt es zu falschen Ergebnissen. Auf diese Weise entstehen **optische Täuschungen.** Die Abbildungen 10.2. und 11.1. zeigen, daß unser Sehsinn getäuscht werden kann. Wir können dagegen nichts unternehmen, denn die Verknüpfung der gespeicherten Erfahrungen mit dem Gesehenen erfolgt im Gehirn ohne unser Zutun.

Auch **räumliches Sehen** kommt durch die Leistungen des Gehirns zustande. Beim Betrachten eines Gegenstandes entsteht auf der Netzhaut der Augen je ein Bild. Beide Bilder unterscheiden sich jedoch geringfügig. Dieser Unterschied entsteht dadurch, daß zwischen den Augen ein kleiner Abstand liegt. Das Gehirn verknüpft diese beiden flächigen, leicht unterschiedlichen Bilder zu einem räumlichen Bild. Daß dies so ist, kannst du an einem Versuch ausprobieren. Dazu benötigst du zwei Zeichnungen, die einen Gegenstand aus etwas unterschiedlichem Blickwinkel zeigen. Eine solche Darstellung findest du in Abbildung 11.2. Betrachtest du das linke Bild mit dem linken Auge und das rechte mit dem rechten, so verschmelzen die beiden Zeichnungen zu einem räumlichen Bild.

1. Stelle ein Buch so auf, daß du aus kurzer Entfernung auf den Buchrücken schaust. Betrachte es erst mit geschlossenem rechten, dann mit geschlossenem linken Auge und schließlich mit beiden Augen. Erläutere deine Beobachtungen!

2. Stelle eine Postkarte auf die gestrichelte Linie in Abbildung 11.2. und berühre sie oben mit der Nasenspitze. Betrachte beide Zeichnungen eine Weile so, als würdest du einen weit entfernten Gegenstand anschauen. Beschreibe, was du siehst!

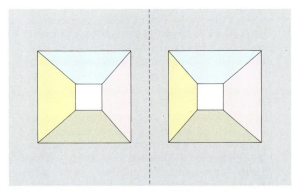

11.2. Nachweisfigur zum räumlichen Sehen

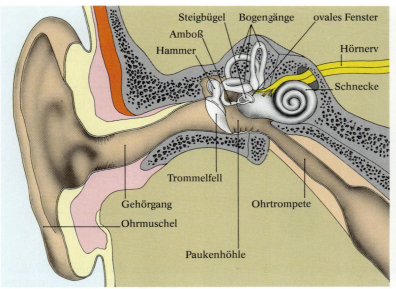

12.1. Bau des Ohres

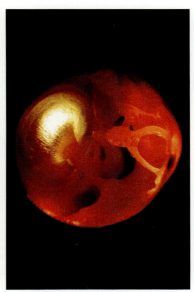

12.2. Blick ins Mittelohr

Wunschkonzert zu jeder Zeit

Er ist nur so groß wie zwei Zigarettenschach-
teln, der Walkman. Diesen kleinen Super-
Recorder kann man überall mit sich herum-
tragen. Schnell den Kopfhörer auf und schon
geht es los, das Wunschkonzert von der Lieb-
lings-Cassette. Zu Hause stört kein Telefon
und keine Wohnungsklingel. Spricht man
einen „Horcher" an, bekommt man keine Antwort. Sein Blick ist verklärt nach innen ge-
richtet. Er „hört und sieht" nichts mehr.
Gefahr droht, wenn man sich mit dem Walkman auf die Straße begibt. Schon mancher ist
musikalisch beschwingt vor ein Auto oder die
Straßenbahn gerannt. Aber auch sonst sind
diese kleinen Dinger nicht ganz ungefährlich.
Benutzer neigen dazu, sich ihre Lieblings-
songs buchstäblich in die Ohren zu hämmern.
Wer seine Trommelfelle derart strapaziert, ist
hinterher oft nervös, leicht reizbar und nicht
fähig, sich zu konzentrieren. Ärzte warnen:
Dauerbenutzer können nach einiger Zeit einen
Gehörschaden davontragen. Wer also seine
Musik lange genießen möchte, sollte den
Lautstärkeregler öfter 'mal auf „leise" stellen.

2.4. Das Ohr ist nicht allein zum Hören da

„Halt, warte", ruft die Mutter hinter dir her,
„dein Brot!". Du kommst zurück und steckst es
ein. Mit Hilfe von Sprache und Gehör können
wir uns also verständigen.
Sprache, Geräusche und Töne aus deiner Umwelt erreichen als *Schallwellen* dein Ohr. Sie
werden von der *Ohrmuschel* aufgefangen und
in den äußeren *Gehörgang* geleitet. Ohrmuschel
und Gehörgang bilden das **Außenohr.**
Am Ende des Gehörganges befindet sich ein
dünnes Häutchen, das *Trommelfell*. Die auf-
treffenden Schallwellen versetzen es in Schwingungen. Hinter dem Trommelfell beginnt das
Mittelohr. In einer Höhlung, der *Paukenhöhle*,
sitzen drei winzige *Gehörknöchelchen*. Sie
haben ihren Namen nach ihrer Form bekommen. Der *Hammer* ist mit dem Trommelfell verbunden. Der *Steigbügel* steht mit einem Häutchen, dem *ovalen Fenster*, in Verbindung. Diese
beiden Gehörknöchelchen sind durch den *Amboß* untereinander verbunden. Trommelfell,
Hammer, Amboß, Steigbügel und ovales Fenster bilden eine Übertragungskette. Sie leiten

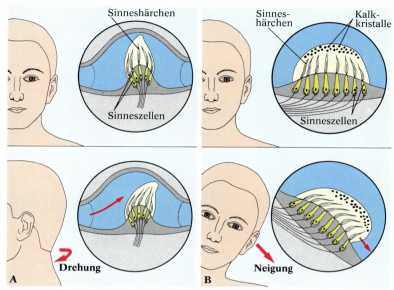

13.1. A Drehsinnesorgan; B Lagesinnesorgan

1. Warum halten Menschen gelegentlich bei Gesprächen eine Hand hinter das Ohr?

2. Flüstere aus verschiedenen Entfernungen einer Testperson Worte zu. Sie muß jeweils ein Ohr zuhalten. Prüfe dadurch die Hörfähigkeit beider Ohren!

3. Prüfe die Fähigkeit des Richtungshörens. Verbinde dazu einem Schüler, der in der Mitte eines Raumes steht, die Augen. Durch Klopfen werden von Mitschülern Geräusche erzeugt. Die Richtung, aus der diese kommen, soll durch Zeigen mit der Hand angegeben werden! Verändern sich die Ergebnisse, wenn du der Testperson ein Ohr verstopfst?

die Schallwellen weiter. Das Mittelohr ist über einen Gang, die *Ohrtrompete,* mit dem Nasen-Rachenraum verbunden. Bei jedem Schlucken öffnet sich die Ohrtrompete. Dadurch wird ein Druckausgleich zwischen der Paukenhöhle und der Umgebung hergestellt. Wer einmal mit einer Seilbahn auf einen hohen Berg gefahren ist, hat diesen Druck auf seinen Ohren verspürt.

Hinter dem ovalen Fenster beginnt das **Innenohr.** Hier liegt das eigentliche *Hörorgan,* die *Schnecke.* Sie ist innen hohl und mit einer Flüssigkeit ausgefüllt. Die vom Steigbügel am ovalen Fenster ankommenden Schwingungen werden auf die Flüssigkeit übertragen. So entstehen winzige Druckwellen. *Hörsinneszellen,* die sich in der Schnecke befinden, werden dadurch gereizt. Je nach Geräusch und Tonhöhe werden immer nur ganz bestimmte Sinneszellen erregt. Über den *Hörnerv* gelangen ihre Signale zum Gehirn. Erst jetzt nimmst du die Schallwellen zum Beispiel als Sprache wahr.

Es fällt meist nicht schwer, die Richtung anzugeben, aus der Töne und Geräusche kommen. Das ist nur möglich, weil wir zwei Ohren besitzen, die ein Stück weit auseinanderliegen. So treffen Schallwellen in den meisten Fällen das eine Ohr Sekundenbruchteile früher als das andere. Außerdem sind sie meist an einem Ohr geringfügig stärker als am anderen. Diese feinsten Unterschiede genügen, uns das **Richtungshören** zu ermöglichen.

Außer dem eigentlichen Hörorgan enthält das Ohr auch Organe für Dreh- und Lageempfindungen. In den drei *Bogengängen* des Innenohres befinden sich die Sinneszellen des **Drehsinnes.** Die Bogengänge sind so angeordnet, daß bei jeder Drehbewegung des Körpers in mindestens einem Bogengang die darin befindliche Flüssigkeit in Bewegung gerät. Dadurch werden die Sinneszellen erregt, die uns das Empfinden für Drehungen vermitteln. – Unterhalb der Bogengänge liegt das Organ für den **Lagesinn.** Die dort vorhandenen Sinneszellen haben Härchen, die in eine Gallertmasse hineinragen, auf der feine Kalkkristalle kleben. Bei Körperneigungen werden die Sinneshärchen durch das Gewicht der Kristalle etwas umgebogen und reizen dadurch die Sinneszellen. Das Gehirn wertet diese Reize aus, und wir bemerken, daß wir schräg stehen.

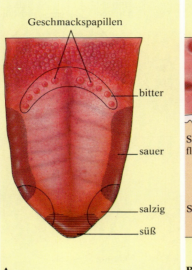

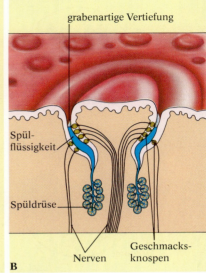

14.1. Abschmecken von Speisen   **14.2. Zunge.** *A Geschmacksfelder; B Geschmackspapille*

Hast du Geschmack?

Stelle 4 verschiedene Lösungen her:
1) 3 Teelöffel Zucker in 1 Tasse Wasser;
2) 1 Teelöffel Kochsalz in 1 Tasse Wasser;
3) Speiseessig 1:1 mit Wasser verdünnt;
4) sehr starken Bohnenkaffee.
Sie schmecken **süß, salzig, sauer** und **bitter.**
Das sind die 4 Grundgeschmacksempfindungen, die wir gut unterscheiden können.

1. Betupfe vor dem Spiegel mit einem Wattestäbchen deine Zunge an verschiedenen Stellen mit einer der Lösungen. Spüle danach den Mund gut aus. Führe den Schmeck-Test auch mit den anderen Lösungen durch. An welchen Stellen der Zunge kannst du die verschiedenen Grundgeschmacksempfindungen jeweils am besten wahrnehmen? Gibt es auch Bereiche auf der Zunge, die wenig geschmacksempfindlich sind? Fertige eine Skizze an!

2. Lege ein Stück Würfelzucker auf die Zunge. Warum verspürst du den süßen Geschmack erst nach einiger Zeit?

2.5. Sinne, die Nahrung und Atemluft prüfen

Als Julia gestern von der Schule nach Hause kam, hatte Mutter schon ihr Lieblingsessen zubereitet. Aber mit richtigem Appetit aß sie nicht, denn sie hatte einen Schnupfen. Das sonst so schmackhafte Essen kam ihr fade und ungewürzt vor. Selbst beim Nachtisch konnte sie zwischen Schokoladenpudding und Vanillesoße kaum einen Unterschied herausschmecken. Woran lag das?

Das Organ, das wichtige Geschmacksempfindungen liefert, ist die **Zunge.** Mit ihr kannst du feststellen, ob zum Beispiel die Suppe versalzen oder der Pudding zu süß ist. Beim Essen verteilen sich nämlich die gelösten Geschmacksstoffe der Speisen über die Zungenoberfläche. Dabei gelangen sie zu den warzenartigen **Geschmackspapillen,** die ungleichmäßig auf der Zunge vorkommen. Jede einzelne Geschmackspapille ist von einer grabenartigen Vertiefung umgeben. In den seitlichen Wänden befinden sich **Geschmacksknospen.** Sie enthalten die *Sinneszellen,* die von den Geschmacksstoffen erregt werden und dir die Geschmacksempfindungen

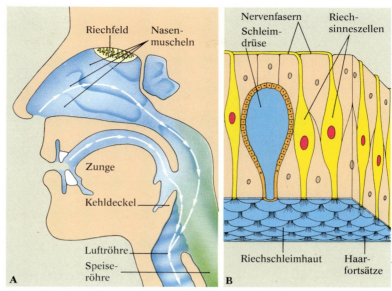

15.1. Riechprobe

15.2. A Lage des Geruchssinnes; B Feinbau des Riechfeldes

vermitteln. Damit sie immer neue Geschmacks-reize aufnehmen können, werden sie ständig von einer Flüssigkeit freigespült, die von besonderen Drüsen ausgeschieden wird.

Von den Speisen gehen aber auch Gerüche aus. Beim Einatmen gelangen Geruchsstoffe mit der Atemluft in die **Nase.** Sie streichen am **Riechfeld** vorbei. Das ist ein kleiner Bereich im oberen Teil der Nasenhöhle. Hier befinden sich *Sinneszellen*, deren feine Haarfortsätze in eine dünne Schleimschicht eingebettet sind. Der Schleim wird von Schleimdrüsen gebildet. In ihm lösen sich die Duftstoffe. Nur in dieser gelösten Form erregen sie die Sinneszellen. Erst im Gehirn werden daraus Geruchswahrnehmungen.

Beim Essen wird der Geschmackssinn vom Geruchssinn unterstützt. Vieles, was du zu schmecken glaubst, riechst du in Wirklichkeit. Beim Kauen gelangen nämlich Aromastoffe der Speisen über den Rachenraum zum Riechfeld der Nase. Bei Schnupfen ist dieser Weg verstopft. Jetzt wird dir klar, warum die verschnupfte Julia am Essen keinen Geschmack fand.

Im Gegensatz zu Geschmacksempfindungen ist es nicht einfach, Geruchsempfindungen zu beschreiben. Man benutzt dazu Ausdrücke wie „fruchtig", „blumig", „würzig", „sauer", „ranzig", „brenzlig", „faulig" oder „harzig".

In manchen Fällen kann uns der Geruchssinn auch vor verdorbenem Essen oder giftigen Gasen warnen. Allerdings gewöhnt man sich schnell an Gerüche. Nach kurzer Zeit nimmt man sie schon nicht mehr wahr. Kommst du zum Beispiel in einen ungelüfteten Klassenraum, riechst du sofort die „dicke Luft", während die Schüler, die sich darin befinden, sie nicht mehr bemerken.

3. Verbinde einem Mitschüler die Augen und laß ihn sich selbst die Nase fest zuhalten. Reiche ihm nacheinander würfelförmige Stückchen von einem Apfel, einer Mohrrübe, einer Kartoffel und einer Zwiebel zum Kosten. Die Versuchsperson soll ohne zu kauen und ohne die Zunge zu bewegen feststellen, was sie probiert hat. Nach jeder Probe muß sie den Mund ausspülen. Wiederhole den Versuch auch mit unverschlossener Nase. Was stellst du fest?

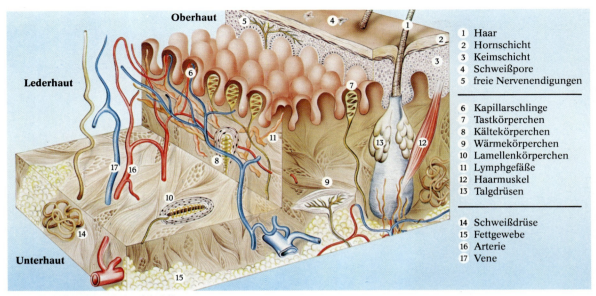

1	Haar
2	Hornschicht
3	Keimschicht
4	Schweißpore
5	freie Nervenendigungen
6	Kapillarschlinge
7	Tastkörperchen
8	Kältekörperchen
9	Wärmekörperchen
10	Lamellenkörperchen
11	Lymphgefäße
12	Haarmuskel
13	Talgdrüsen
14	Schweißdrüse
15	Fettgewebe
16	Arterie
17	Vene

16.1. Bau der Haut (*Blockbild*)

2.6. Die Haut ist auch ein Sinnesorgan

Vor Jahren ging eine tragische Meldung durch alle Zeitungen: Ein Mädchen hatte sich zu einer Karnevalsfeier mit Goldbronze angestrichen. Nach ein paar Stunden war sie tot – gestorben an Überhitzung des Körpers. Die Farbe hatte verhindert, daß der Körper Wärme über die Haut nach außen abgeben konnte. Aus Unkenntnis über die vielfältigen Aufgaben der Haut hatte das Mädchen nicht berücksichtigt, daß man die Körperoberfläche nicht wie eine leblose Hülle behandeln kann.

Das Beispiel zeigt, daß unsere Haut an der Wärmeregulierung beteiligt ist. Der Körper soll sich nämlich nicht zu stark erhitzen oder zu sehr abkühlen, sondern möglichst eine gleichbleibende Temperatur beibehalten. Außerdem schützt die Haut das Körperinnere vor UV-Strahlen, vor Feuchtigkeitsverlust und vor Verletzungen. Sie verhindert, daß Wasser, Krankheitskeime und Schmutz eindringen. Nicht zuletzt dient die Haut als Speicherorgan, in dem Fett abgelagert wird.

Darüber hinaus ist die Haut ein vielseitiges **Sinnesorgan.** Sicher kennst du den Unterschied, wenn du dir mit einem Wattebausch oder einer Stecknadel über die Haut streichst. Du wirst nicht nur feststellen, an welcher Stelle du diese **Berührungsreize** wahrnimmst, sondern du kannst sogar die verschiedenen Reize unterscheiden. Die Aufnahmeorte sind die *Tastkörperchen.* Sie liegen in der *Lederhaut* dicht unterhalb der *Oberhaut.* Mehr als 500 000 solcher Tastkörperchen sind über die Körperoberfläche verteilt. An der Zungenspitze, den Lippen und den Fingerbeeren liegen sie besonders dicht. Diese Stellen sind deshalb im Gegensatz zum Rücken und den Oberarmen besonders tastempfindlich. Aber auch die Haarwurzeln sind von einem *Nervengeflecht* umgeben, das bei Berührung der Haare Empfindungen vermittelt.
Stärkere **Druckreize,** die zum Beispiel von Stößen oder Schlägen ausgehen, werden von den bis zu 4 mm großen *Lamellenkörperchen* aufgenommen. Sie liegen in der *Unterhaut.*
Auf **Kälte-** und **Wärmereize** sprechen die *Kälte-* und *Wärmekörperchen* an. Sie kommen im Bereich der Lederhaut vor. Es gibt etwa 30 000

10 Tips für gesundes und gepflegtes Aussehen

1. Die Schönheitspflege der Haut beginnt mit der Sauberkeit. Staub, Schmutz und Schweißabsonderungen werden täglich mit Wasser und Seife entfernt.

2. Nach einem warmen Dusch- oder Wannenbad Seifenreste gründlich entfernen und dann kalt abduschen. Mit einem Badetuch trockenfrottieren, damit die Haut gut durchblutet wird.

3. Großporige, fettige Haut verlangt beim Waschen viel Seife.

4. Trockene, faltige Haut benötigt nach der Reinigung fetthaltige Creme.

5. Wer zu Pusteln, Mitessern und Entzündungen neigt, sollte seine Haut vor dem Schlafengehen besonders gründlich reinigen. So werden Bakterien beseitigt, die sonst über Nacht Schaden anrichten.

6. Gesunde Haut ist auch von der Ernährung abhängig. Vitaminreiches Obst und frisches Gemüse bekommen dem Aussehen der Haut gut. Scharfe Gewürze, fetthaltige Speisen, Kochsalz, Süßigkeiten und Alkohol dagegen rufen oft Hautunreinheiten hervor.

7. Übermäßig viel Alkohol und Nikotin lassen die Haut grau-blaß werden.

8. Sonnenbaden in Maßen ist gesund. Längere Sonnenbäder in praller Sonne sind aber schädlich. Die Haut wird trocken und verbrennt. Bei empfindlicher Haut ist ein Sonnenschutzmittel in jedem Fall zu empfehlen.

9. Ein Make-up soll die natürliche Schönheit eines Mädchens hervorheben. Wer übertrieben viel Lippenstift, Puder, Lidschatten oder Rouge aufträgt, schadet seinem Gesicht.

10. Ausreichender Schlaf, Aufenthalte an frischer Luft und Spaziergänge auch im Regen sind immer noch die billigsten und wirksamsten Schönheitsmittel.

Wärmepunkte. An den Augenlidern, an den Lippen und in den Armbeugen sind sie besonders zahlreich vorhanden. Kältepunkte gibt es über achtmal mehr, nämlich 250 000. Allerdings sind diese Sinneskörperchen nicht in der Lage, eine bestimmte Temperatur festzustellen. Sie sprechen nur auf Temperaturveränderungen an. Bei gleichbleibender Temperatur lassen die Empfindungen für warm oder kalt nach kurzer Zeit nach. Deshalb empfinden wir beispielsweise das kühle Wasser des Schwimmbades bald nicht mehr als unangenehm.

Die Aufnahmeorte für **Schmerzreize** sind *freie Nervenendigungen*, die bis unter die *Hornschicht* der Oberhaut reichen. Über 3 Millionen solcher *Schmerzpunkte* dienen dazu, uns zu warnen und unseren Körper vor Schäden zu bewahren. Schmerzpunkte liegen besonders dicht an den Fingern, im Gesicht und im Bereich der Sinnesorgane. Als Schmerzreize wirken große Kälte und starke Hitze, Verletzungen, Verbrennungen und Verätzungen.

1. *Mit folgendem Versuch kannst du den Abstand der Tastkörperchen auf der Haut feststellen: Verbinde einem Mitschüler die Augen. Spreize einen Stechzirkel etwa 6 bis 8 cm. Setze abwechselnd 1 oder 2 Spitzen sehr vorsichtig auf den zu prüfenden Hautbereich. Beim Aufsetzen von 2 Zirkelspitzen müssen beide Spitzen die Haut gleichzeitig berühren. Frage die Versuchsperson jeweils, wieviele Spitzen sie verspürt. Verkleinere nach und nach den Abstand der Spitzen, bis die Versuchsperson zwischen einer Spitze und zwei Spitzen nicht mehr unterscheiden kann. Prüfe so Handflächen, Fingerspitzen, Unterarm, Oberarm. Was stellst du fest?*

2. *Fülle ein Becherglas mit heißem Wasser, ein zweites mit eiskaltem Wasser (Eiswürfel). Stelle je ein paar Stahlstricknadeln hinein. Trockne sie schnell ab und untersuche mit jeder der Nadeln durch vorsichtiges Auflegen den Handrücken auf Wärme- und Kältepunkte. Kennzeichne sie mit roten beziehungsweise blauen Punkten eines Filzschreibers. Was stellst du fest?*

18.1. Wie ein Torwart auf einen Torschuß reagiert

3. Leitung und Verarbeitung von Sinnesreizen

3.1. Wie ein Torwart auf einen Torschuß reagiert

„… Der gegnerische Mittelstürmer dringt mit dem Ball am Fuß in den Strafraum ein. Er umspielt den ersten, dann den zweiten Abwehrspieler. Inzwischen hat der Torwart mit ein paar Schritten sein Gehäuse verlassen, um den Einschußwinkel zu verkleinern. Sein Blick folgt dem Ball. Der Körper ist sprungbereit, die Arme sind zum Fangen des Balles ausgestreckt. Da kommt der Schuß! Blitzschnell hechtet er dem Ball entgegen. Im letzten Moment erwischt er das runde Leder und vergräbt es sicher unter seinem Körper. Die Zuschauer sind begeistert. Doch einen Moment bleibt er gekrümmt liegen. Er hält sich das Knie. Ein Schmerz scheint ihm zu schaffen zu machen. Endlich kommt er wieder auf die Beine. Ein weiter Abstoß. Die Gefahr für sein Tor ist vorerst gebannt…'‘

So oder so ähnlich klingt es am Wochenende aus Radio. Unser Torwart war bei dieser Aktion ganz schön ins Schwitzen gekommen. Herzschlag und Atmung hatten sich beschleunigt. Die Muskeln mußten zusätzlich mit Sauerstoff und Nähr-

stoffen versorgt werden. Die Torwartleistung wäre aber ohne ein harmonisches Zusammenwirken aller Organe gar nicht möglich gewesen. Ein solches Zusammenspiel ergibt sich nicht von selbst, sondern muß gesteuert und überwacht werden. Dafür ist das **Nervensystem** zuständig. Woher „weiß" aber das Nervensystem, welche Körperteile bei bestimmten Handlungen bewegt und welche Organe schneller oder langsamer arbeiten müssen?

Unser Körper steht über *Sinnesorgane* wie Auge, Ohr und Haut mit der Umwelt in Kontakt. Sie nehmen **Reize** auf, die aus Licht, Geräuschen, Wärme oder Berührungen entstehen. Diese Reize erregen die Sinneszellen und werden zu *Signalen* umgewandelt. Auch im Inneren unseres Körpers entstehen solche Signale, so beispielsweise dann, wenn ein Organ krank ist oder das Blut zuviel Kohlenstoffdioxid enthält. Die Signale gelangen jeweils über eine Nervenleitung, den **Nerv,** zum **Gehirn.** Dort werden sie verarbeitet. Erst jetzt kannst du Bilder, Geräusche, Wärme und Kälte, Schmerzen oder etwa Atemnot wahrnehmen. Der Torwart er-

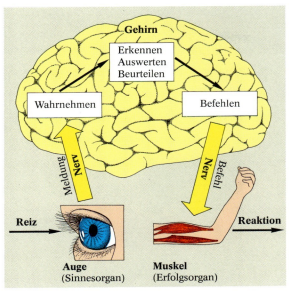

19.1. Vom Reiz zur Reaktion (Schema)

1. Beschreibe anhand der Abbildungsreihe 18.1. Handlungen des Torwarts, die bewußt, automatisiert und unbewußt ablaufen!

2. Wie folgt auf einen Reiz eine Reaktion? Erläutere das anhand der Abbildung 19.1.!

3. Setze dich auf einen Stuhl und lege ein Bein lose über das andere. Laß dann einen Mitschüler leicht mit der Handkante gegen die Sehne dicht unterhalb der Kniescheibe schlagen. Beschreibe, was du beobachtest!

4. Leuchte mit einer Taschenlampe in das Auge eines Mitschülers. Beobachte und beschreibe die Veränderungen der Pupille!

kannte zum Beispiel den laufenden Spieler als Angreifer, machte das runde Leder als Ball aus, verspürte den Schmerz beim Aufprall und vernahm das Klatschen der Zuschauer als Beifall. Man sagt: Die Reize aus seiner Umwelt wurden ihm *bewußt.*

Auf bewußt gewordene Vorgänge kann der Mensch mit **bewußten Handlungen** reagieren. Unser Torwart beispielsweise war durch Überlegung zu dem Schluß gekommen, aus dem Tor herauszulaufen, um den Ball abzufangen. Er hätte es auch unterlassen und den Ball auf der Linie abwehren können. Bei solchen Entscheidungsvorgängen gelangen vom Gehirn Signale über Nervenleitungen zu den ausführenden Organen. Das war in diesem Fall die Laufmuskulatur. Die betreffenden Muskeln reagierten so, daß es zu Laufbewegungen kam. Auf diese Weise entstand als Antwort oder **Reaktion** auf die auslösenden Reize eine Bewegung des Körpers.

Nun brauchte der Torwart beim Laufen natürlich nicht zu überlegen, welches Bein er zuerst setzte und welches folgte. Als Kind jedoch muß-

te er das Laufen mühsam erlernen. Jetzt führte er alle Bewegungen automatisch richtig aus. Sie liefen ohne Überlegung weitgehend als **automatisierte Handlungen** ab.

Es gibt auch Reaktionen, deren Ablauf man nicht beeinflussen kann. Dazu gehören zum Beispiel Niesen und Schlucken. Solche **unbewußten Handlungen,** auch **Reflexe** genannt, sind angeboren. Auch diese Handlungen müssen durch Reize ausgelöst werden. Die Signale, die den Befehl zum Handeln an die ausführenden Organe weitergeben, werden ebenfalls über Nervenbahnen geleitet. Der Unterschied zu den bewußt ablaufenden Handlungen besteht jedoch darin, daß das Gehirn als „Entscheidungszentrum" keine Rolle spielt.

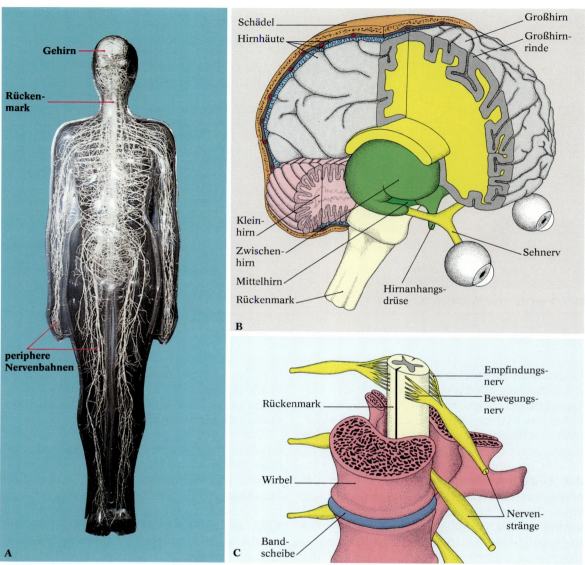

20.1. Das Nervensystem des Menschen. *A Übersicht über das Nervensystem; B Lage und Bau des Gehirns; C Lage und Bau des Rückenmarks. Das Nervensystem besteht aus* Gehirn, Rückenmark *und* Nervenbahnen, kurz Nerven genannt. Im Gehirn und im Rückenmark laufen alle Meldungen der Sinnesorgane von der Außenwelt und die der inneren Organe zusammen. Wie in einer zentralen Leitstelle werden von Gehirn und Rückenmark die eintreffenden Meldungen verarbeitet und von hier aus alle Körpertätigkeiten gesteuert. Gehirn und Rückenmark zusammen bezeichnet man deshalb als Zentralnervensystem. Die Nervenbahnen, die das Zentralnervensystem mit allen Körperbereichen verbinden, bilden das **periphere Nervensystem.** Daneben gibt es noch das **vegetative Nervensystem.** Seine Steuerungszentren liegen ebenfalls in Gehirn und Rückenmark. Es steuert die Tätigkeit der inneren Organe wie Herz, Magen und Darm.*

1. Stelle in einer Tabelle Bestandteile und Aufgaben des Nervensystems zusammen. Entnimm Einzelheiten dem Text der Seiten 20—22 und der Abbildung 20.1.!

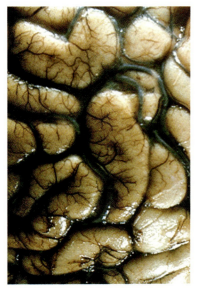

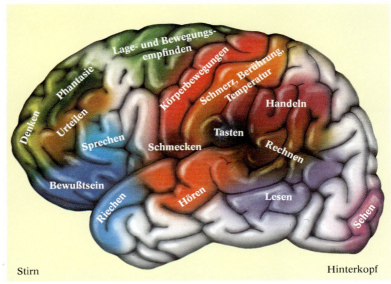

Lage- und Bewegungs-empfinden

Phantasie

Körperbewegungen

Schmerz, Berührung, Temperatur

Handeln

Denken

Urteilen

Tasten

Sprechen

Schmecken

Rechnen

Bewußtsein

Riechen

Hören

Lesen

Sehen

Stirn   Hinterkopf

21.1. Gehirnwindungen   *21.2. Felder der Großhirnrinde (Schema)*

3.2. Gehirn und Rückenmark – Steuerungszentralen des Körpers

Zwei Boxer beim Boxkampf hast du bestimmt schon einmal gesehen – zumindest im Fernsehen. Nach einem Kopftreffer sackt der Getroffene hilf- und wehrlos zusammen. Er ist k.o. Erst nach einiger Zeit kommt der Boxer wieder zu sich und versucht, noch benommen, auf die Beine zu kommen. Was ist in seinem Körper geschehen?

Im oberen Schädelbereich liegt das **Gehirn.** Es ist weich und druckempfindlich. Die Schädelknochen, die es einschließen, bilden jedoch eine schützende Hülle. Starke, ruckartige Gewalteinwirkungen wie Faustschläge führen aber zu einer Erschütterung des Gehirns. Vorübergehende Trübung oder sogar der Verlust des Bewußtseins können die Folge sein. Wichtige Körpervorgänge wie Sinneswahrnehmungen und Muskelarbeit brechen dann zusammen, obwohl die betreffenden Organe selbst nicht verletzt sind. Das zeigt, daß das Gehirn eine wichtige Aufgabe in der Steuerung vieler Lebensvorgänge erfüllt.

Die Arbeitsweise des Gehirns ist noch längst nicht vollständig erforscht. Dagegen kennt man seinen Bau recht gut. Über 4/5 des Gehirns macht das **Großhirn** aus. Seine Oberfläche hat zahlreiche Windungen und Furchen. Die äußere Schicht besteht aus über 10 Milliarden Nervenzellen. Sie bilden die *Großhirnrinde.* Hier entstehen zum Beispiel alle Sinneseindrücke, werden Erfahrungen und Gelerntes gespeichert sowie Gedanken und Erinnerungen verknüpft. Ob du sprichst oder liest, rechnest oder dich erinnerst, denkst oder bestimmte Bewegungen ausführst – was du auch bewußt tust, immer ist das Großhirn beteiligt. Von hier aus werden alle *bewußten Handlungen* gesteuert.

Wissenschaftler haben im Laufe der Zeit herausgefunden, daß bestimmte Bereiche der Großhirnrinde immer nur für ganz bestimmte Leistungen zuständig sind. So gibt es zum Beispiel *Hirnfelder* für das Sehen, Hören und Schmecken, für das Schmerzempfinden, das Sprechen und das Ausführen von Bewegungen. Wird ein solches Hirnfeld verletzt oder zerstört, fällt auch die entsprechende Fähigkeit aus.

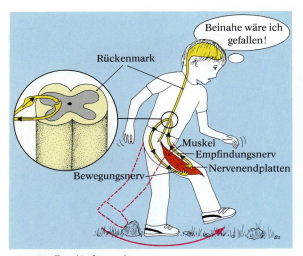

22.1. Reflex (Schema)

2. Was ist ein Reflex? Beschreibe seinen Ablauf mit Hilfe der Abbildung 22.1.!

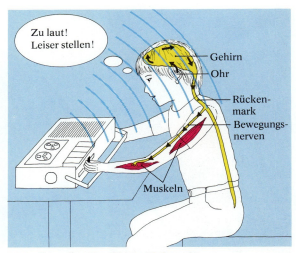

22.2. Bewußte Handlung (Schema)

3. Was ist eine bewußte Handlung? Beschreibe ihren Ablauf mit Hilfe der Abbildung 22.2.!

Unterhalb des Großhirns im Hinterkopfbereich liegt das **Kleinhirn.** Es spielt eine wichtige Rolle für unsere Bewegungsfähigkeit. Ein Kind beispielsweise, das gerade Radfahren lernt, muß zuerst jede Bewegung ganz bewußt ausführen. In diesem Fall steuert das Großhirn noch den Einsatz bestimmter Muskeln. Sobald aber nach ausreichender Übung alle Bewegungen automatisch richtig gemacht werden und alle beteiligten Muskelgruppen sinnvoll aufeinander abgestimmt arbeiten, kommen die Steuerungsbefehle nur vom Kleinhirn.

Zum *Zentralnervensystem* zählt auch das **Rückenmark.** Es liegt geschützt im Wirbelkanal der Wirbelsäule und reicht vom Gehirn bis zu den Lendenwirbeln. Das Rückenmark stellt die Verbindung zwischen Gehirn und vielen Organen und Körperteilen her. Zahlreiche Nervenstränge treten dazu zwischen den Wirbeln der Wirbelsäule seitlich aus.

Bemerkenswert ist, daß das Rückenmark bestimmte Körpervorgänge auch selbst steuert. Wenn du beispielsweise stolperst, fällst du nicht immer gleich hin. Das an einem Hindernis hängengebliebene Bein schnellt, nachdem es frei-

gekommen ist, besonders rasch und weit vor. Der Körper wird auf diese Weise abgefangen. Beim Stolpern werden Sinneszellen im Oberschenkel erregt. Über einen Nerv gelangt ein Signal zum Rückenmark. Hier löst es sofort ein neues Signal aus, das über einen anderen Nerv zum Muskel zurückgelangt. So erhält dieser in kürzester Zeit den Befehl, sich zusammenzuziehen. Noch bevor dieser Vorgang im Gehirn bewußt wird, ist die Bewegung ausgeführt. Bewegungen, die auf diese Weise zustande kommen und nicht bewußt gesteuert werden, heißen *Reflexe.* Die Bedeutung der Reflexe besteht darin, daß dein Körper schnell und zweckmäßig auf bestimmte Reize reagiert. Sie schützen dich so vor Gefahren, ohne daß du lange über Abwehrmaßnahmen nachdenken mußt.

Anders reagierst du zum Beispiel beim Musikhören vom Cassettenrecorder. Empfindest du die Musik als zu laut, wird dir das schnell bewußt und du entscheidest, sie leiser zu stellen. Diese Vorgänge laufen im Gehirn ab. Du führst dann eine vom Willen gesteuerte *bewußte Handlung* aus.

3.3. Nerven – „Leitungskabel" unseres Körpers

Wenn jemand Sterne sieht, muß er nicht unbedingt in den Nachthimmel schauen. Auch ein Schlag auf den Kopf oder starker Druck auf die Augen können solche Wahrnehmungen auslösen. Auch Druckreize, die das Auge treffen, werden nur als Lichtempfindungen wahrgenommen. Werden Lichtsinneszellen durch Druck- oder Lichtreize erregt, so erzeugen sie auch auf so unterschiedliche Reize immer die gleichen Signale. Diese werden zum Gehirn geleitet und erst in den entsprechenden Bereichen der Großhirnrinde ausgewertet.

Die Signale der verschiedenen Sinnesorgane gelangen jeweils auf eigenen Nervenbahnen zum Gehirn. Diese Nervenbahnen bezeichnet man als **Empfindungsnerven.** Die entgegengesetzt verlaufenden Nervenbahnen, auf denen Signale von Gehirn und Rückenmark zu den *Erfolgsorganen* geleitet werden, heißen **Bewegungsnerven.** Sie enden an den Muskeln.

Die Bauelemente aller Nerven und des Zentralnervensystems sind die **Nervenzellen.** Sie bestehen aus einem *Zellkörper*, der viele kurze, verästelte Nervenfortsätze aufweist. Jede Nervenzelle hat aber auch einen besonders langen Fortsatz, der von einer Hülle umgeben ist. Man bezeichnet ihn als *Nervenfaser*. Ein Bündel solcher Nervenfasern bildet einen **Nerv.**

Die Weiterleitung von Signalen erfolgt jeweils von Nervenzelle zu Nervenzelle. Das geschieht beim Menschen mit einer Geschwindigkeit von über 100 m pro Sekunde. An den kurzen, verästelten Fortsätzen einer Nervenzelle wird ein Signal empfangen. Daraufhin bildet die Nervenzelle ihrerseits ein neues Signal aus. Es wird als schwacher elektrischer Strom über die lange Nervenfaser zur nächsten Nervenzelle weitergeleitet. Hier beginnt der Vorgang von neuem und wiederholt sich an jeder Verbindungsstelle, bis das Signal am „Ziel" ist.

Die Nervenfasern, die an einem Muskel enden, verzweigen sich. Sie sind über plattenartig verbreiterte Kontaktstellen mit dem Muskel verbunden. Hier bewirkt das Signal, daß der Muskel sich zusammenzieht.

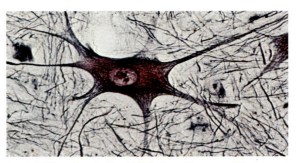

23.1. Mikroskopisches Bild einer Nervenzelle

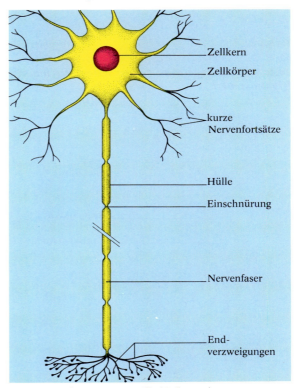

Zellkern
Zellkörper

kurze Nervenfortsätze

Hülle
Einschnürung

Nervenfaser

Endverzweigungen

23.2. Bau einer Nervenzelle (Schema)

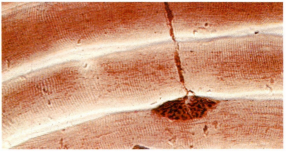

23.3. Nervenfaser endet an Muskelfasern

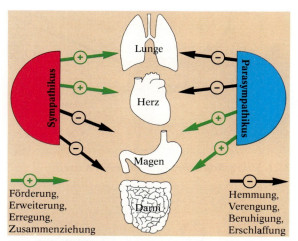

24.1. Wie das vegetative Nervensystem die inneren Organe steuert

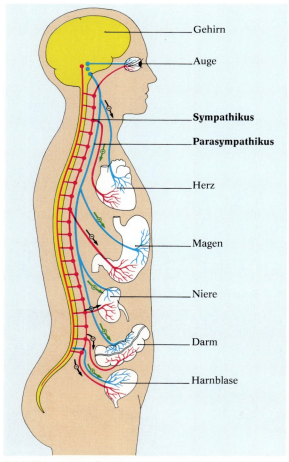

24.2. Das vegetative Nervensystem (Schema)

3.4. Ein Nervensystem, das nicht unserem Willen gehorcht

Hast du schon einmal richtig Angst gehabt? Hast du bemerkt, wie dein Herz dann anfing, schneller und kräftiger zu schlagen? Deine Hände wurden feucht, und du verspürtest ein „komisches Gefühl" in der Magengegend. Außerdem bekamst du eine Gänsehaut und einen ganz trockenen Mund. Du mußtest heftig atmen und hattest sogar Schweiß auf der Stirn.

Du siehst, daß dein Körper in bestimmten Situationen völlig selbständig reagiert. Je nach körperlicher Notwendigkeit werden beispielsweise der Herzschlag beschleunigt oder verlangsamt, die Atmung vertieft oder abgeflacht, die Magen- und Darmtätigkeit angeregt oder gehemmt.

Solche lebenswichtigen Vorgänge werden von einem Nervensystem gesteuert, das sich mit dem Willen nicht beeinflussen läßt. Es ist das **vegetative Nervensystem.** Auch im Schlaf oder während einer Ohnmacht stellt es seine Tätigkeit nicht ein. Ein Teil seiner Nervenstränge verläuft außerhalb der Wirbelsäule. Obwohl sie mit Gehirn und Rückenmark verbunden sind, arbeitet das vegetative Nervensystem weitgehend selbständig. Dennoch können seelische Vorgänge wie Angst oder Streß, aber auch Freude und Glück Einfluß ausüben.

Das vegetative Nervensystem besteht aus zwei Teilen, die wie **Gegenspieler** arbeiten. Ein Beispiel soll das verdeutlichen: Beim Laufen benötigt der Körper mehr Sauerstoff und Nährstoffe. Deshalb erhöhen sich der Herzschlag und die Anzahl der Atemzüge. Die Blutgefäße weiten sich, so daß die benötigten Stoffe schnell zu den Muskeln gelangen können. Dazu wird auch Blut von anderen Organen wie Darm und Drüsen abgezogen. Diese arbeiten jetzt nur vermindert. Während einer Ruhepause kehrt sich alles um. Herztätigkeit und Atmung verlangsamen sich, die Darm- und Drüsentätigkeit wird reger. Jetzt kann die verbrauchte Energie wieder ersetzt werden.

Das vegetative Nervensystem übt also gleichzeitig fördernde und hemmende Wirkungen aus. Auf diese Weise besteht zu jeder Zeit ein ausgewogenes Gleichgewicht zwischen den Tätigkeiten der inneren Organe unseres Körpers.

25.1. Hier macht jemand einen Fehler!

1. Durch welche Einwirkungen kann das Nervensystem des Menschen geschädigt werden? Gib Beispiele an und erläutere sie!

25.2. Querschnittslähmung

2. Durch welche Maßnahmen und Verhaltensweisen kann man dazu beitragen, daß das Nervensystem nicht geschädigt wird und gesund bleibt?

3.5. Erkrankungen des Nervensystems

„Du gehst mir auf die Nerven!", „Mach mich nicht nervös!". So reagieren gelegentlich Menschen aus deiner Umgebung. Man sagt dann, sie haben „schwache Nerven". Oft sind die Gründe dafür Lärm, Reizüberflutung, Leistungsdruck, Hetze, Angst und Sorgen. Häufig bringen ausreichender Schlaf, Ruhe und Erholung sowie Bewegung an frischer Luft diese Menschen wieder ins innere Gleichgewicht.

Bei nervlicher Dauerüberlastung besteht die Gefahr, daß das Nervensystem geschädigt wird. Viele Störungen im körperlichen und seelischen Bereich haben hier ihre Ursache. Es kommt dann zu Fehlsteuerungen. Zum Beispiel können Herz- und Kreislaufbeschwerden oder Verdauungsstörungen auftreten, ohne daß die beteiligten Organe selbst erkrankt sind.

Schwere Erkrankungen des Nervensystems können durch Infektionskrankheiten entstehen. Dazu zählen *Hirnhautentzündung* und *Kinderlähmung*. Bei der Kinderlähmung zerstören Viren einen Teil der Nervenbahnen im Rückenmark. Dann fällt die Tätigkeit der über diese Nerven gesteuerten Muskeln aus, obwohl sie selbst völlig intakt sind.

Sehr häufig entstehen Verletzungen des Nervensystems durch Unfälle. Wird beispielsweise bei einem Unfall der Kopf durch harte Stöße getroffen, kann eine *Gehirnerschütterung* eintreten. Die Verletzten verlieren oft vorübergehend das Bewußtsein und können sich später an den Unfall nicht mehr erinnern.

Eine Verletzung des Rückenmarks kann eine *Querschnittslähmung* zur Folge haben. Von der verletzten Stelle abwärts sind die Nervenbahnen nicht mehr in der Lage, Steuerungsbefehle zu den Bewegungsorganen zu leiten. Der Verletzte wird dadurch weitgehend bewegungsunfähig. Da zerstörte Nervenzellen für immer absterben und keine neuen nachwachsen, bleibt eine solche Querschnittslähmung lebenslang bestehen.

Sind Hirnfelder, die die seelischen und geistigen Fähigkeiten steuern, von Erkrankungen betroffen, entstehen oft schwere *Gemüts-* und *Geisteskrankheiten*. Solche Kranken finden sich nur schwer in unserer Welt zurecht und sind meist auf Hilfe angewiesen.

Stammes-geschichte der Lebewesen

26.1. **Versteinerung** *(innerer Abdruck einer Schnecke)*

1. Lebewesen haben sich im Verlauf der Erdgeschichte entwickelt

Ein nicht alltäglicher Fund

Wandertag: Die Schülergruppe kommt an einem Steinbruch vorbei. „Dürfen wir nach Versteinerungen suchen?" fragt Michael. Die Lehrerin warnt: „Es ist gefährlich! Es können Steine herunterfallen. Ein Steinsammler braucht Schutzhelm, Schutzbrille, Hammer und die Genehmigung des Steinbruchbesitzers." Während des Gesprächs hat Andreas einen faustgroßen Stein aufgeklopft und zeigt begeistert seinen Fund. „Das sieht ja wie die Schnecken aus, die wir letzten Sommer am Meer gefunden haben!" ruft Sandra. Sie will wissen, wie die Meeresschnecke hierher gelangt ist.

Die Lehrerin erklärt: „Es handelt sich um eine vor langer Zeit versteinerte Meeresschnecke. Wissenschaftler haben errechnet, daß dieses Gestein vor etwa 60 Millionen Jahren durch Ablagerung von Kalkschlamm und von Gehäusen verschiedener Tiere am Meeresboden entstanden ist." „Also war hier vor 60 Millionen Jahren Meer!" ruft Sandra aus.

1.1. Was sind Versteinerungen?

In den Ferien am Meer macht es besonderen Spaß, am Strand nach Schalen von Muscheln und Gehäusen von Schnecken zu suchen. Löst man den Fund aus dem feinen Sand, so bleibt ein Abdruck zurück. Oft ist auch das Innere eines Schneckengehäuses mit Sand oder Schlamm ausgefüllt.

So ähnlich stellt man sich die Entstehung von **Versteinerungen,** den *Fossilien,* vor. Nach der Einbettung harter Körperteile wie Weichtiergehäusen, Wirbeltierknochen und Insektenpanzern im Schlamm lagerten sich im Verlauf von Jahrmillionen weitere Schichten von Schlamm darüber ab. Durch deren Druck wandelten sich der Schlamm und die Überreste der Lebewesen allmählich in Stein um.

Klopft man einen fossilhaltigen Stein auf, so erhält man manchmal auf der einen Seite die Versteinerung und auf der anderen Seite deren Abdruck. Bisweilen ist nur der innere Abdruck eines Gehäuses erhalten geblieben. Nur in seltenen Fällen findet man eine Versteinerung frei von anhaftendem Gestein. In mühevoller und

27.1. Freilegen einer Versteinerung

zeitraubender Arbeit wird die Versteinerung mit Meißel, Stahlnadel und Schleifgerät freigelegt. Häufige Funde sind *Ammoniten*. Es handelt sich um schneckenförmige Gehäuse ausgestorbener Kopffüßler, die mit heute lebenden Tintenfischen verwandt sind.

An der Küste der Ostsee dehnten sich vor etwa 40 Millionen Jahren Kiefern- und Fichtenwälder aus. Das Harz dieser Nadelbäume umschloß Insekten, Vogelfedern, Blüten und andere leicht vergängliche Reste von Lebewesen. Im Laufe der Zeit wurde das Harz zu dem heute begehrten *Bernstein*. In ihm findet man die erstaunlich gut erhaltenen Überreste von Lebewesen.
Während der *Eiszeit*, vor etwa 20000 Jahren, waren weite Teile Europas und Asiens von Eis bedeckt. In diesem kalten Klima lebten Verwandte der heutigen Elefanten, die *Mammuts*. Während man von dieser ausgestorbenen Tierart bei uns lediglich versteinerte Skelettreste findet, wurden aus dem ewigen Eis Sibiriens bereits mehrmals gut erhaltene Mammutleichen geborgen. Mammuts hatten ein langhaariges Fell und stark gebogene Stoßzähne.

Ein „lebendes Fossil"

27.2. Der Quastenflosser Latimeria

Der sensationellste Fischfang dieses Jahrhunderts wurde am 22. Dezember 1938 im Indischen Ozean in der Nähe der Komoren gemacht. Im Netz eines Fischkutters wurde ein 1,5 Meter langer und 58 Kilogramm schwerer dunkelblauer Fisch von plumper Körperform geborgen. Aufsehen erregten die stielförmigen und am Ende ausgefransten paarigen Brust- und Bauchflossen.
Die Fischer hatten ein solches Tier noch nie gesehen. Sie brachten den Fisch in die Hafenstadt East London an der Ostküste Südafrikas. Frau Latimer, eine Angestellte des Naturwissenschaftlichen Museums, präparierte den unbekannten Fisch bis zum Eintreffen des berühmten Fischkenners Professor Smith. Dieser erkannte, daß es sich um ein „lebendes Fossil" handelte, und nannte den Fisch *Latimeria*.

Latimeria gehört zu der Gruppe der **Quastenflosser,** von der man bis dahin annahm, sie sei seit Jahrmillionen ausgestorben. In 400 Millionen Jahre alten Gesteinsschichten findet man Reste von Quastenflossern. Ihre Flossen weisen ein Gliedmaßenskelett auf, das dem der Lurche ähnlich ist. Mit Hilfe dieser Flossen konnten die Quastenflosser austrocknende Tümpel verlassen und sich an Land auf die Suche nach einem neuen Gewässer begeben.
Der Fang von 1938 blieb nicht der einzige. Bis heute wurde mehr als ein Dutzend dieser Fische gefangen und in Museen in aller Welt untersucht.

1.2. Auf der Erde lebten nicht immer die gleichen Lebewesen

Sammler von Versteinerungen wissen Bescheid: Versteinerte Dreilappenkrebse, die *Trilobiten*, findet man im Rheinischen Schiefergebirge, *Ammoniten* jedoch im Kalkstein der Schwäbischen Alb. Warum findet man nicht überall die gleichen Fossilien?

Schiefer und Kalk sind unterschiedlich alte Gesteine, die in verschiedenen Gebieten zutage treten. Bei Bohrungen stößt man mit zunehmender Tiefe auf immer ältere Gesteinsschichten, meist Ablagerungen aus ehemaligen Meeren, Seen oder Flüssen. Die Untersuchung des hervorgeholten Gesteins zeigt, daß in verschieden alten Gesteinsschichten verschiedene Überreste von Lebewesen anzutreffen sind. Schichten gleichen Alters jedoch enthalten überall ähnliche Versteinerungen. Daraus läßt sich ableiten, daß zur gleichen Zeit bestimmte Lebewesen weltweit verbreitet waren. In verschiedenen Erdzeitaltern dagegen lebten unterschiedliche Pflanzen und Tiere. Eine Erklärung dafür ist, daß sich die Pflanzen- und die Tierwelt im Laufe der Zeit verändert haben. Wissenschaftler untersuchen Versteinerungen und erforschen dabei Körperbau und Lebensweise der einstigen Lebewesen. Durch Sammeln und Ordnen vieler Funde aus einem bestimmten Zeitabschnitt der Erdgeschichte kann man sich von den damals lebenden Pflanzen und Tieren ein Bild machen.

Aus der **Erdurzeit** sind nur Überreste *einzelliger Lebewesen* wie *Bakterien*, *Blaualgen* und *Pilze* bekannt. Zu Beginn des **Erdaltertums** traten auch *mehrzellige Lebewesen* auf. Es vergingen weitere 200 Millionen Jahre bis zum Erscheinen der ersten *Wirbeltiere*, der *Fische*. Im **Erdmittelalter** erreichten zwei Tiergruppen weltweite Verbreitung: die *Ammoniten* und die Riesenkriechtiere oder *Saurier*. In vielfältigen Formen eroberten sie alle Lebensräume: Land, Wasser und Luft. Aus noch nicht bekannter Ursache starben diese Tiere aus. In der **Erdneuzeit** gelangten *Säugetiere* und *Vögel* zur Entfaltung. Auch die Pflanzen und die anderen Tiere ähnelten zunehmend den heutigen Lebewesen.

	Beginn vor ... Mio. Jahren	Pflanzenwelt	Tierwelt
Erdneuzeit	Quartär 2 Tertiär 70	Zeitalter der Blütenpflanzen und Laubbäume	Zeitalter der Vögel und Säuger
Erdmittelalter	Kreide 135 Jura 180 Trias 220	Zeitalter der Nadelhölzer	Zeitalter der Ammoniten und Saurier
Erdaltertum	Perm 270 Karbon 330 Devon 400 Silur 420 Ordovizium 480 Kambrium 600	Zeitalter der Farnpflanzen und Moose Zeitalter der Algen	Zeitalter der Dreilapper, Fische und Lurche
Erdurzeit	Präkambrium 4–6 Mrd.?	Bakterien, Algen	Entfaltung der Wirbellosen

28.1. Erdzeitalter

1	Gingkobäume
2	Palmfarne
3	Farne
4	Seelilien
5	Belemnit (Donnerkeil)
6	Ammonit (Ammonshorn)
7	Schmelzschupperfisch
8	Fischechse
9	Maasechse
10	Paddelechse
11	Donnerechse
12	Schlangenhalsechse
13	Rückenplatten-Saurier
14	Flugechse
15	Urvogel

29.1. *Lebensbild aus dem Zeitalter der Ammoniten und Saurier* (Jura)

1	Schuppenbaum
2	Siegelbaum
3	Baumfarn
4	Schachtelhalme
5	Farnsamer
6	Riesenlibelle
7	Skorpion
8	Tausendfüßler
9	Landschnecke
10	Schlangenlurch
11	Lurch

29.2. *Lebensbild aus dem Zeitalter der Farnpflanzen, Urinsekten und Lurche* (Karbon)

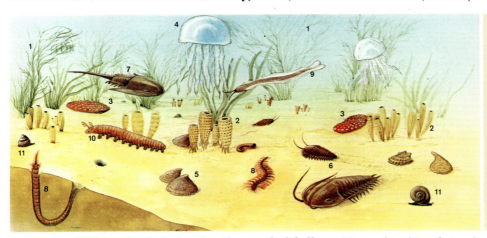

1	Algen
2	Schwämme
3	Bodenkorallen
4	Quallen
5	Armfüßer
6	Trilobiten (Dreilapper)
7	Schwertschwanz
8	Ringelwürmer
9	Pfeilwurm
10	Stummelfüßler
11	Schnecken

29.3. *Lebensbild aus dem Zeitalter der Algen und wirbellosen Meerestiere* (Kambrium)

Urpferde aus der Schiefergrube

Aus einer Zeitschrift: „… Dank der finanziellen Unterstützung durch die Stiftung Volkswagenwerk konnten die Grabungsaktivitäten in Messel bei Frankfurt im Jahre 1977 wieder erheblich gesteigert werden. Immerhin läßt sich die Gestalt des 50 Millionen Jahre alten Sees von Messel stellenweise rekonstruieren. 15 278 Fossilien wurden ergraben: Lurche, Kriechtiere, Vögel und Säugetiere, davon allein 18 Fledermäuse. An Großfunden sind 2 vollständige Krokodile zu verzeichnen. Das Glanzstück aber ist ein weiteres **Urpferdchen** von etwa 75 cm Körperlänge, das komplett und in besonders schöner Haltung überliefert ist. Hinzu kommen Hunderte von Schnecken, Insekten, Blättern und Früchten. Ein Teil der Funde ist im Senckenberg-Museum in Frankfurt ausgestellt.“

30.1. Urpferdchen

Früher wurde in der Grube Messel Ölschiefer abgebaut. Nachdem sich der Abbau nicht mehr lohnte, wurde die Grube zu einem wertvollen Fundort von Versteinerungen.

1.3. Pferde – so klein wie Hunde

Kannst du dir vorstellen, daß vor 50 Millionen Jahren Pferde von Hundegröße lebten? Diese **Urpferdchen** bewohnten Sümpfe und feuchte Wälder. Sie ernährten sich vom Laub der Bäume und Sträucher sowie von Früchten. Die vier Zehen eines Fußes ließen sich spreizen und verhinderten ein Einsinken in den weichen Boden. Wie wurde aus dem kleinen Urpferdchen unser heutiges Pferd?

Durch Vergleichen von Pflanzenüberresten gelangten Wissenschaftler zu dem Schluß, daß sich in der Erdneuzeit das Klima änderte: Es wurde kühl und trocken. Die üppigen Wälder Nordamerikas, Asiens und Europas wichen zurück. Trockene Steppen breiteten sich aus. Dadurch veränderten sich die Lebensbedingungen der Urpferde. Größere Tiere mit festen, hufähnlichen Zehen waren auf dem harten Steppenboden schneller als kleinere Pferdchen mit weichen Zehenballen. Schnelle Tiere waren im Vorteil bei der Nahrungssuche und bei der Flucht vor Feinden. Durch die Veränderung des Nahrungsangebotes waren Tiere mit Laubfresser-

gebiß im Nachteil. Lediglich kräftige Backenzähne mit raspelartigen Kauflächen konnten das harte Steppengras zerkleinern. Pferde, die den neuen Lebensbedingungen nicht angepaßt waren, starben aus.

Vor etwa 20 Millionen Jahren hatten die Urpferde die Größe von Ponys. Sie besaßen bereits ein Grasfressergebiß, und ihre Füße waren dreizehig. Die mittlere Zehe trug die Hauptlast des Körpers und war von einem Huf bedeckt.

Die Entwicklung des Pferdes vollzog sich in Nordamerika. Die Vorfahren des **heutigen Pferdes** wanderten zu Beginn der Jetztzeit nach Asien und Europa, während sie in Amerika ausstarben. Wenn man an Wildpferde und reitende Indianer in der Prärie denkt, so muß man berücksichtigen: Erst die Spanier führten das Pferd nach der Entdeckung Amerikas dort wieder ein.

1. Was bedeuten die Verzweigungen in Abbildung 31.1.? Beachte dabei die Erdteile!

2. Für welchen Erdteil gibt es eine lückenlose Entwicklungsreihe des Pferdes?

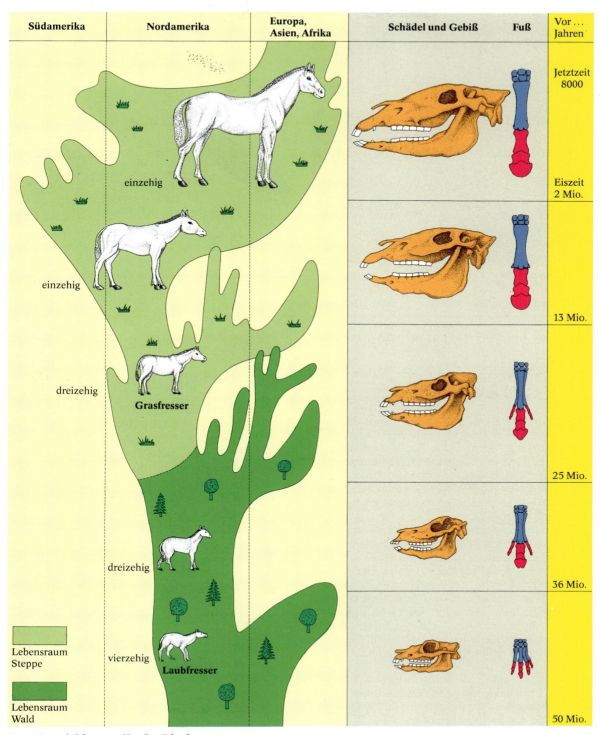

Südamerika	Nordamerika	Europa, Asien, Afrika	Schädel und Gebiß	Fuß	Vor ... Jahren

31.1. Entwicklungsreihe des Pferdes

32.1. Abdruck eines Urvogels   *32.2. Vermutliches Aussehen des Urvogels*

1. *Weshalb bezeichnet man den Urvogel als eine Übergangsform?*

Viel Geld für einen Stein!

Ein gewisser Dr. Häberlein aus Pappenheim traf mit seinen Patienten eine eigentümliche Abmachung: Sie durften die Arztrechnung statt mit Geld mit Versteinerungen bezahlen. Im Jahre 1861 wurde in einem Steinbruch bei Solnhofen im Altmühltal eine Steinplatte mit Resten eines reptilähnlichen Vogels geborgen.

Während der Streit der Wissenschaftler entbrannte, ob es sich um einen Vogel oder ein Kriechtier handelte, tauchte der Fund in der Sammlung des Dr. Häberlein unter. Der Arzt war sich des Wertes der Versteinerung bewußt und ließ sie nicht einmal besichtigen, geschweige denn abbilden. Nach harten Verhandlungen verkaufte er den *Urvogel* **Archaeopteryx** im Jahre 1862 für 9000 Goldmark an das Britische Museum in London.

Auch der zweite, am besten erhaltene Fund eines Urvogels gelangte in den Besitz der Familie Häberlein, die ihn 1880 für 20 000 Goldmark an den preußischen Staat verkaufte.

1.4. Archaeopteryx – Kriechtier oder Vogel?

Aus welchem Grund war man bereit, 20 000 Mark für einen versteinerten Urvogel zu zahlen? Die ältesten Überreste von Vögeln fand man in Gesteinsschichten der Kreidezeit. Vergleiche von Kriechtier- und Vogelskeletten hatten Fachleute bereits um 1860 zu der Annahme geführt, daß die Vögel von den Kriechtieren abstammen. Als Beweis fehlte nur noch eine entsprechende **Übergangsform.**

Betrachtest du den Abdruck des Urvogels, so findest du gleichermaßen *Vogel-* und *Kriechtiermerkmale.* Für einen Vogel sprechen die deutlich erkennbaren Abdrücke der Federn sowie die dünnen, hohlen und dadurch leichten Knochen. Auf ein Kriechtier weisen die Zähne im Schnabel, ein langer Schwanz mit Wirbeln und die Finger an den Flügeln hin. Da das Brustbein beim Urvogel im Vergleich zu Vögeln kleiner war, konnte auch seine Flugmuskulatur nur schwach entwickelt sein. Man nimmt an, daß der Urvogel auf Bäume klettern konnte. Mit schwerfälligem Flügelschlag flog er dann von Baum zu Baum.

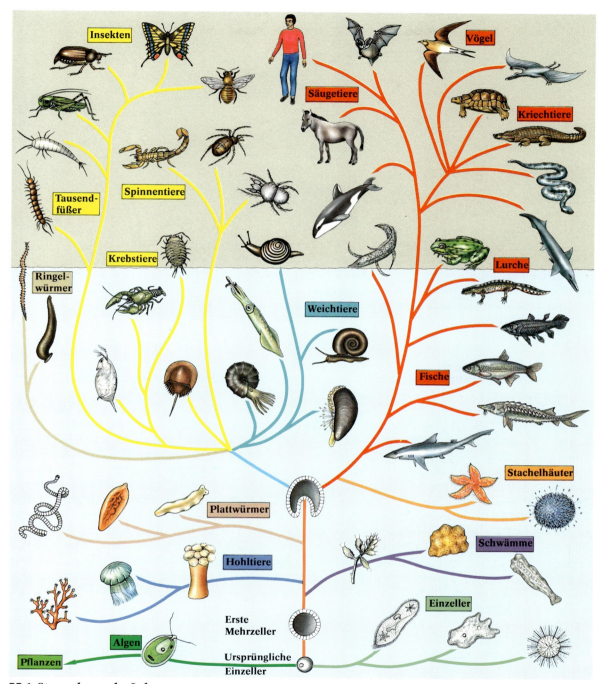

33.1. Stammbaum der Lebewesen

2. *Welche Tiergruppen stammen von einstigen Kriechtieren ab?*

3. *Verfolge anhand des obigen Stammbaumes die Abstammung der Kriechtiere zurück!*

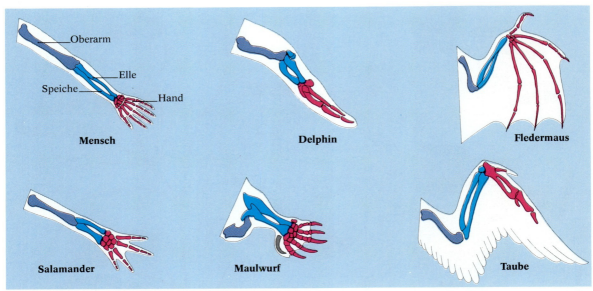

34.1. Ähnlichkeit der Vordergliedmaßen bei Wirbeltieren

1.5. Hinweise für die Verwandtschaft von Lebewesen

Bei Delphin, Maulwurf und Fledermaus wirst du auf den ersten Blick kaum Ähnlichkeiten entdecken können. Beim Vergleich der Skelette dieser Säugetiere fallen dir jedoch viele Ähnlichkeiten auf. Wie sieht es in dieser Hinsicht bei anderen Wirbeltieren aus?

Zunächst fällt es dir bestimmt schwer zu glauben, daß das Bein eines Salamanders und der Flügel einer Taube Ähnlichkeiten aufweisen. Vergleichst du jedoch die Gliedmaßenknochen, so erkennst du einen gemeinsamen *Bauplan:* Du findest einen Oberarmknochen, die Unterarmknochen Elle und Speiche und die Handknochen. Die unterschiedliche Form der Gliedmaßen läßt sich durch ihre Anpassung an die jeweiligen Aufgaben erklären.

Die Gliedmaßen der Wirbeltiere können zwar verschiedene Aufgaben erfüllen, entsprechen sich jedoch in ihrem Bau. Solche entsprechenden Organe nennen Biologen **homologe Organe.** Aus dem Vorhandensein homologer Organe kann man auf die gemeinsame *Abstam-*

mung und damit die *Verwandtschaft* der betreffenden Lebewesen schließen.

Beim Betrachten einer geschmeidig dahingleitenden Pythonschlange im Zoo kannst du dir schwer vorstellen, daß diese noch Beine hat. Erst das Röntgenbild zeigt ein unter der Schuppenhaut verborgenes Becken mit Resten von Hinterbeinen. Man nennt solche verkümmerten Körperteile **rudimentäre Organe.** Rudimentäre Gliedmaßen bei einigen Schlangen sprechen dafür, daß ihre Vorfahren voll ausgebildete Gliedmaßen hatten. Beim Übergang von der laufenden zur schlängelnden Fortbewegung wurden sie überflüssig. Schlangen stammen also von vierbeinigen Kriechtieren ab.

Auf weitere Hinweise für eine gemeinsame Abstammung aller Wirbeltiere stießen die Wissenschaftler beim Studium der **Keimesentwicklung.** Vergleicht man nämlich die *Embryonen* von verschiedenen Wirbeltieren in frühen Entwicklungsphasen, so erkennt man auffallende Ähnlichkeiten. Zu bestimmten Zeiten ihrer Entwicklung erinnern alle Wirbeltierembryonen sogar an Fischlarven. Je weiter allerdings die

35.1. Rudimentäre Beine (Pythonschlange)

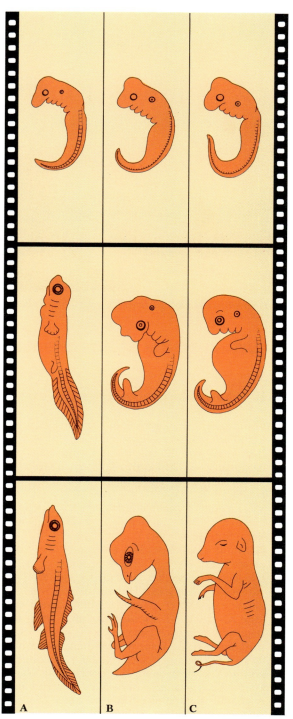

35.2. Keimesentwicklung bei Wirbeltieren. A Fisch;
B Vogel; C Schwein

Keimesentwicklung fortgeschritten ist, desto weniger ähneln die Embryonen einander.

Für die Annahme, daß sich die heutigen Lebewesen im Verlauf der Erdgeschichte aus einfacheren Formen entwickelt haben, gibt es eine Reihe von Hinweisen: Versteinerungen ausgestorbener Lebewesen, homologe Organe, rudimentäre Organe und Ähnlichkeiten in der Keimesentwicklung.

1. Vergleiche die Gliedmaßen der Wirbeltiere aus Abbildung 34.1. Erstelle eine Tabelle nach folgendem Muster:

Wirbel-tier	Oberarm-knochen	Unterarm-knochen	Finger	Aufgabe
Mensch	1	2	5	greifen

2. Bei welchem der Beispiele in Abbildung 34.1. sind Teile des Gliedmaßenskeletts verkümmert? Nenne mögliche Ursachen dafür!

3. Beschreibe Abbildung 35.2. nach folgenden Gesichtspunkten:
a) Ähnlichkeit der Embryonen untereinander,
b) Ähnlichkeit mit dem späteren Lebewesen.

36.1. So kann es in der Erdurzeit ausgesehen haben

2. Ursachen der Stammesentwicklung

Wie kann das Leben entstanden sein?

Für unsere Erde nimmt man ein Alter von etwa 6 Milliarden Jahren an. Die ältesten Spuren von Lebewesen wie Blaualgen und Bakterien jedoch fand man in 3,6 Milliarden Jahre alten Gesteinsschichten Afrikas. Was geschah in der Zwischenzeit?

Viele Forscher beschäftigten sich mit der Frage nach dem Ursprung des Lebens. Mannigfaltige Vermutungen wurden angestellt, sogar über die Herkunft des Lebens von einem anderen Himmelskörper.

Die meisten Forscher nehmen an, daß die Erde zuerst ein glutflüssiger Himmelskörper war. Allmählich kühlte er ab, und es bildete sich eine feste Kruste. Die *Uratmosphäre* muß für unsere Begriffe mörderisch gewesen sein: kaum Sauerstoff, dafür heiße Gase wie Methan, Ammoniak und Wasserdampf. Nach weiterer Abkühlung konnte Wasser in heftigen Gewittern als Regen auf die Erde gelangen. In heißen Wassertümpeln reicherten sich gelöste Stoffe zu einer *Ursuppe* an. Gewaltige Vulkanausbrüche und Blitze waren in dieser lebensfeindlichen Urzeit an der Tagesordnung. Waren diese Bedingungen aber wirklich so lebensfeindlich?

Vor 30 Jahren ahmte der Student Stanley Miller die Uratmosphäre in einem Glaskolben nach und schickte einige Stunden lang elektrische Funken hindurch. Es entstanden neue Stoffe, die **Aminosäuren.** Sie sind die Bausteine der Eiweißstoffe, die in allen Lebewesen vorkommen.

Aufgrund der Versuche Millers und anderer Forscher nimmt man an, daß Aminosäuren und viele andere in der Uratmosphäre entstandene Stoffe mit dem Regen in die Ursuppe gelangten. Hier konnten sich die Aminosäuren zu Eiweißen zusammenschließen. Diese Eiweiße besaßen aber noch nicht die vielleicht wichtigste Eigenschaft des Lebens: die Fortpflanzung. Wahrscheinlich hat es noch Jahrmillionen gedauert, bis in den Urmeeren durch *Auslese* geeigneter Stoffe immer kompliziertere Gebilde entstanden, aus denen irgendwann die ersten *Einzeller* hervorgingen. Dieser Schritt der Entwicklung konnte allerdings noch nicht nachgeahmt werden.

37.1. Die Galapagos-Inseln

Auf den Galapagos-Inseln

37.2. Spechtfink (Insektenfresser)

2.1. Charles Darwin – Begründer der Abstammungslehre

Schon früher machte man sich Gedanken über die Herkunft der Lebewesen. Man nahm an, daß alle Lebewesen einmal geschaffen wurden und danach unverändert blieben.

Im Jahre 1831 trat der junge Naturwissenschaftler CHARLES DARWIN eine fünfjährige Forschungsreise um die Welt an Bord des Segelschiffes „Beagle" an. Schon auf der Reise kamen Darwin Zweifel an der Unveränderlichkeit der Lebewesen. Seine Forschungsergebnisse veröffentlichte er 1859 in dem Buch „Über den Ursprung der Arten durch natürliche Auslese". Darwin erläuterte in diesem Werk die Ursachen der Entwicklung der Lebewesen und gilt deshalb als Begründer der **Abstammungslehre.** Sie geht davon aus, daß Pflanzen und Tiere sich in einem Konkurrenzkampf um Nahrung und Lebensraum befinden. Diejenigen mit besseren Eigenschaften bestehen diesen Kampf und können sich fortpflanzen. Auf diese Weise verändern sich allmählich die Lebewesen, und es entstehen neue Arten.

Im Jahre 1835 besuchte DARWIN auf seiner Forschungsreise auch die Galapagos-Inseln. Auf diesen Inseln vulkanischen Ursprungs fand er eine völlig andere Pflanzen- und Tierwelt vor als 1000 km weiter östlich auf dem Festland Südamerikas. Besondere Aufmerksamkeit widmete er der Beobachtung der Vogelwelt. Auf diesen Inseln kommen 13 verschiedene Arten von **Finken** vor. DARWIN schrieb in sein Tagebuch: „Zwei Arten kann man häufig auf den Blüten der großen Kakteen herumklettern sehen. Alle übrigen ernähren sich auf dem unfruchtbaren und trockenen Boden der niedriger gelegenen Bezirke. Die merkwürdigste Tatsache ist die Abstufung in der Größe des Schnabels: von der Größe eines Kernbeißers bis zu der eines Insektenfressers."

DARWIN fand folgende Erklärung: Vor Jahrmillionen türmten sich durch Vulkanausbrüche Inseln aus dem Wasser des Ozeans auf. Wind und Wellen brachten vom Festland Pflanzensamen, Insekten und andere Lebewesen, die die Inseln besiedelten. Es gab jedoch noch keine Vögel. Als sich körnerfressende Finken vom Festland auf die Galapagos-Inseln verirrten, fanden sie hier ein üppiges Nahrungsangebot und vermehrten sich stark. Bald trat Nahrungsmangel auf. Finken, die sich von Körnern auf Insekten umstellen konnten, waren nun im Vorteil. Im Laufe vieler Generationen spezialisierten sich Finkengruppen auf bestimmte Nahrungsquellen. So entstanden die sogenannten *Darwinfinken.*

38.1. *Mutation* (*weiße Amsel*)   **38.2. *Tarnung*** (*Wandelndes Blatt*)

2.2. Wie entstanden neue Pflanzen- und Tierarten?

Hast du schon eine weiße Amsel gesehen? Es kommt gelegentlich vor, daß in einer Amselbrut eines der Jungen weiß ist. Die Erklärung dafür ist in einer Änderung des Erbgutes, einer **Mutation,** zu suchen. (Mehr über Mutationen wirst du im Kapitel „Grundlagen des Erbgeschehens", S. 80, erfahren.)

Die Frage, weshalb weiße Amseln bei uns nicht häufiger vorkommen, ist einfach zu beantworten: Durch ihr helles Gefieder sind sie in unseren Gärten von weitem zu sehen und fallen beispielsweise Katzen leichter zum Opfer. Wenn Amseln in schneereichen Gebieten leben könnten, wären die weißen Amseln besser getarnt als ihre dunklen Artgenossen und somit gegenüber diesen im Vorteil. Ob Lebewesen mit verändertem Erbgut sich durchsetzen können oder ausgemerzt werden, hängt also von der Umwelt ab, in der sie leben. Diese **natürliche Auslese** durch die Umweltbedingungen nennt man auch **Selektion.**

Erst bei genauem Hinsehen erkennst du, daß das *Wandelnde Blatt* eigentlich gar kein grün gefärbtes Laubblatt ist, sondern ein Insekt. Wie kam es zu dieser erstaunlichen Ähnlichkeit mit dem Blatt? Man vermutet, daß die Vorfahren des Wandelnden Blattes ganz anders aussahen. Durch Mutationen traten bei den Nachkommen Abweichungen vom ursprünglichen Aussehen auf, darunter auch solche mit etwas verbreitertem Körper oder einer der Umgebung ähnlichen Farbe. Diese waren vor ihren Freßfeinden etwas besser geschützt, konnten also eher überleben und sich fortpflanzen als ihre schlechter getarnten Artgenossen. Auf diese Weise wurde im Laufe der Zeit durch Mutationen und natürliche Auslese die Form dieses Insekts einem Blatt immer ähnlicher.

Der *Feuersalamander* ist ein harmloser Lurch. Er bewegt sich schwerfällig und kann infolgedessen vor Feinden kaum schnell genug fliehen. Dennoch fällt er selten anderen Tieren zum Opfer. Was ist der Grund dafür?
Bei Berührung scheiden Hautdrüsen des Salamanders eine Flüssigkeit mit ätzender Wirkung

39.1. Warntracht (*Feuersalamander*)

aus. Sein grelles schwarz-gelbes Fleckenmuster wirkt auf Tiere, die ihn schon einmal fressen wollten, wie ein Signal: „Vorsicht, ich bin ungenießbar!" Auch in diesem Falle kann man davon ausgehen, daß die Faktoren Mutation und Selektion zur Ausbildung dieser Warntracht beim Feuersalamander geführt haben.

Durch Änderung des Erbgutes und durch natürliche Auslese können also veränderte Formen von Lebewesen auftreten. In der Regel vermischen sich diese aber wieder mit den Ausgangsformen. Erst wenn diese Vermischung nicht mehr möglich ist, können neue Arten entstehen. Biologen nehmen daher als weitere Bedingung für die Entstehung neuer Arten eine Trennung oder **Isolation** der veränderten Lebewesen von der Ausgangsform an. Auf diese Weise können sich die beiden Gruppen unabhängig voneinander entwickeln.

1. Erkläre das Wirken von Selektion und Isolation am Beispiel der Darwinfinken. Lies dazu den Text auf Seite 37!

Die Eiszeit war schuld

Der *Grünspecht* und der *Grauspecht* kommen bei uns in Obstgärten, Parks und Wäldern vor. Die Hauptnahrung des Grünspechts sind Ameisen aller Art. Man hat ihn häufig dabei beobachtet, wie er an Wegböschungen in Ameisennestern stochert. Der Grauspecht lebt heimlicher. Er sucht seine Nahrung – neben Ameisen vor allem Fliegen und andere Insekten – eher an Bäumen.

Obwohl einander ähnlich, handelt es sich dennoch um zwei verschiedene Spechtarten. Bei einer Spanienreise wirst du vergeblich nach dem Grauspecht suchen: Hier kommt nur der Grünspecht vor. Ähnlich würde es dir bei einer Reise in die Sowjetunion ergehen, mit dem Unterschied, daß hier nur der Grauspecht anzutreffen ist.

Die gemeinsamen Vorfahren dieser beiden Spechtarten wurden durch das Vorrücken der Eismassen von Norden her in Europa teils nach Westen und teils nach Osten verdrängt. In einigen zehntausend Jahren der **Isolation** entstanden infolge unterschiedlicher Lebensbedingungen die beiden Spechtarten. Als nach der Klimaverbesserung die trennenden Eismassen abschmolzen und sich wieder Bäume in Europa ausbreiteten, drangen Grünspecht und Grauspecht auch in dieses Gebiet vor.

39.2. Grünspecht (A) und Grauspecht (B)

40.1. Buschmann-Familie in Afrika. *So könnten unsere Vorfahren gelebt haben.*

3. Abstammung des Menschen

3.1. Stammt der Mensch vom Affen ab?

Im Zoo herrscht großer Andrang vor dem Schimpansengehege. Eine Schimpansenmutter hat Nachwuchs. Sie hält ihr Junges liebevoll in den Armen, wie auch Menschenmütter das tun. „Ist doch klar", sagt Christine zu Kathrin, „der Mensch stammt ja auch vom Affen ab!" Ist es wirklich so?

Vergleichen wir doch einmal Menschenaffen und Mensch! Schimpansen zum Beispiel sind geschickte Kletterer. Wenn sie auf dem Boden laufen, wirken sie sehr viel ungeschickter. Sie stützen sich beim Laufen meist mit den langen Armen ab. Der Mensch dagegen geht aufrecht. Beim Vergleich der Skelette von Menschenaffe und Mensch erkennt man deutlich, wodurch diese unterschiedliche Fortbewegungsweise hervorgerufen wird. Bei den Menschenaffen kann die große *Zehe* abgespreizt und zum Festhalten von Gegenständen benutzt werden. Beim Menschen ist sie nicht sehr beweglich. Fußsohle und Zehen sind nur zum Gehen da. Die **Wirbelsäule** der Menschenaffen ist bogenförmig, die-

jenige des Menschen doppelt-S-förmig gekrümmt. Der Kopf des Menschen wird dadurch gefedert und ist genau unter seinem Schwerpunkt befestigt. Der Kopf des Affen dagegen hängt eher an der Wirbelsäule und muß mit starken Nackenmuskeln gehalten werden. Auch die **Beckenformen** von Menschenaffe und Mensch unterscheiden sich stark. Affen haben ein langes, schmales Becken. Beim Menschen ist es verbreitert und kann so die Eingeweide beim aufrechten Gang besser tragen. Die **Hand** der Affen ist eine Klammerhand, bei der alle fünf Finger um den Ast eines Baumes gelegt werden. Der Mensch stellt dagegen seinen Daumen den übrigen Fingern gegenüber und kann so einen Gegenstand umfassen oder greifen. Das **Gebiß** des Menschen ist schwächer ausgebildet als das der Menschenaffen. Die Zahnreihe ist bogenförmig, die Eckzähne sind nicht größer als die Schneidezähne. Menschenaffen haben ein kräftiges Gebiß und deutlich größere Eckzähne. Die Anordnung der Zähne im Kiefer ist mehr rechteckig.

Der wichtigste Unterschied zwischen Mensch und Menschenaffen besteht aber in der Größe

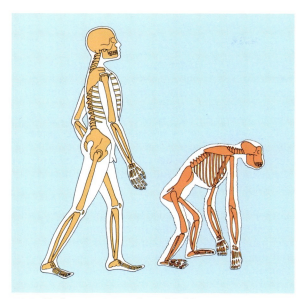

41.1. Skelett von Mensch und Schimpanse

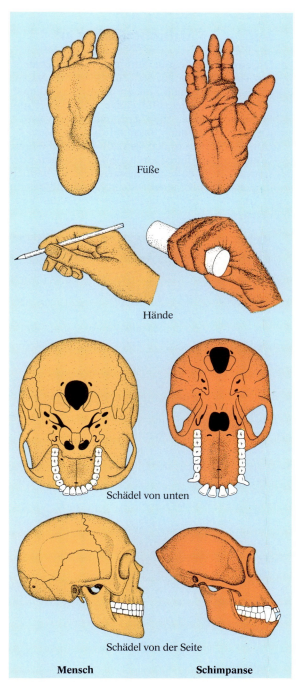

Füße

Hände

Schädel von unten

Schädel von der Seite

Mensch   **Schimpanse**

41.2. Mensch und Schimpanse – ein Vergleich

und der Ausformung des **Gehirns.** Das Gehirn des Menschen ist etwa viermal so groß wie ein Schimpansengehirn. Vor allem das Großhirn ist stark entwickelt. Es überdeckt alle anderen Hirnteile fast vollständig und ermöglicht die besonderen geistigen Fähigkeiten wie Denken, Planen und Überlegen. Dementsprechend ist der Hirnschädel stark vergrößert. Der Schädel der Menschenaffen hat große Wülste über den Augen, Ober- und Unterkiefer sind schnauzenartig verlängert. Beim Menschen sind die Augenwülste klein und das Gesicht ist flach.

Wissenschaftler nehmen an, daß Mensch und Menschenaffen vor vielen Millionen Jahren **gemeinsame Vorfahren** hatten. Sowohl Affen als auch Menschen haben sich in diesen Jahrmillionen jedoch weiterentwickelt und sind sich heute unähnlicher als vor einer Million Jahren. Der Mensch stammt also nicht vom Affen ab, sondern beide Lebewesen haben eine gemeinsame Stammform. Wie diese ausgesehen haben mag und wann sie lebte, gehört zu den spannendsten Fragen in der Forschung über die Abstammung des Menschen.

1. *Vergleiche Mensch und Menschenaffe mit Hilfe der Abbildungen 41.1. und 41.2. Stelle die Unterschiede stichwortartig in einer Tabelle zusammen!*

Lucy – 3,5 Millionen Jahre alt

Die Afarwüste liegt in Äthiopien. Tagsüber steigt das Thermometer auf 50°C und darüber. Nachts wird es empfindlich kalt. In dieser unwirtlichen Gegend trafen sich 1974 einige Amerikaner und Franzosen unter der Leitung von DONALD JOHANSON, um nach Fossilien zu suchen.
Um Fossilien zu finden, braucht man viel Glück, Übung und Geduld. Durch die sehr seltenen, aber starken Regenfälle in dieser Gegend werden immer wieder Knochenreste freigespült, die dann an der Oberfläche liegen oder aus der Erde ragen.

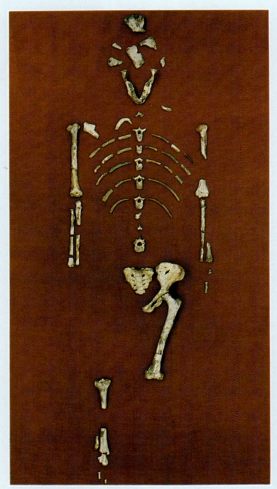

42.1. Das Skelett von „Lucy"

In der Nähe von Hadar, das im Zentrum der Afarwüste am Boden eines ausgetrockneten Sees liegt, machten die Wissenschaftler eine atemberaubende Entdeckung. Sie fanden „Lucy".
Am 30. November 1974 fand DONALD JOHANSON etwa die Hälfte eines mehrere Millionen Jahre alten Skeletts. Dies war eine Sensation, denn bisher mußten sich Forscher oft mit einem Teil eines Kieferknochens oder nur wenigen Zähnen zufrieden geben.

JOHANSON schreibt in seinem Buch „Lucy": „In der ersten Nacht nach der Entdeckung gingen wir nicht zu Bett. Wir redeten unaufhörlich und tranken ein Bier nach dem anderen. Wir hatten ein Tonbandgerät im Lager und dazu ein Band mit dem Beatles-Song „Lucy in the Sky with Diamonds". Wir ließen dieses Band immer wieder mit voller Lautstärke ablaufen. Irgendwann an diesem unvergeßlichen Abend – ich kann mich an den genauen Zeitpunkt nicht mehr erinnern – gaben wir dem Skelett den Namen Lucy, und seither heißt es so. Seine wissenschaftliche Bezeichnung als Teil der wissenschaftlichen Ausbeute von Hadar lautet allerdings AL 288/1.
‚Lucy?'
Jeder, der dieses fossile Skelett zum ersten Mal sieht, fragt mich nach diesem Namen, und ich muß seinen Ursprung erklären: ‚Ja, es handelt sich um ein weibliches Skelett. Und wir haben es nach diesem Beatles-Song benannt. Wir waren außer uns vor Freude, als wir sie fanden; das müssen Sie verstehen.'
Dann kommt die nächste Frage: ‚Woher wissen Sie, daß es ein weibliches Wesen war?'
‚Das erkennt man am Becken. Wir haben einen vollständigen Beckenknochen und das Kreuzbein gefunden. Da bei den Hominiden die Beckenöffnung bei weiblichen Skeletten größer ist als bei männlichen, damit der relativ große Kopf des Kindes bei der Geburt hindurchgehen kann, darf man hier sagen, daß es sich um ein weibliches Skelett handelt.'
‚Ist es denn ein hominides Skelett?'
‚Ja, natürlich. Lucy ging aufrecht; ebenso wie Sie und ich.'"
(aus Johanson/Edey: Lucy
Die Anfänge der Menschheit, Piper, München 1982)

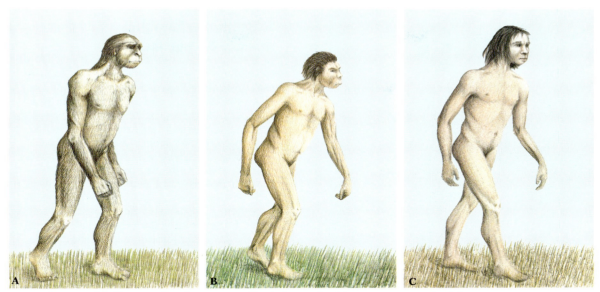

43.1. Wie man sich Urmenschen heute vorstellt. *A Australopithecus; B Homo habilis; C Homo erectus*

3.2. Die Stufenleiter zum Menschen

Schneide doch einmal von einer Schnur ein 10 Meter langes Stück ab und spanne es aus! Es soll dir als Maßband für 10 Millionen Jahre dienen. Ein Meter dieser Schnur stellt dann den Zeitraum von einer Million Jahren dar, ein Millimeter immerhin noch tausend Jahre.
Vor etwa 10 Millionen Jahren, ganz am Anfang deiner Zeitleiste, hat möglicherweise die Trennung von Menschen und Menschenaffen stattgefunden. Zu dieser Zeit lebten also gemeinsame Vorfahren der heutigen Menschenaffen und der Menschen. Man weiß nicht genau, wann unsere Vorfahren die Schwelle vom Tier zum Menschen überschritten haben. Sicher war es aber kein plötzlicher Schritt, sondern eine langsame Entwicklung über viele Stufen.

Skelettreste, die einige Millionen Jahre alt sind, findet man selten. Und das, was den Menschen ausmacht, nämlich seine geistigen Fähigkeiten, konnten sich nicht als Fossilien erhalten. Die ältesten Knochenreste, die man schon aufrecht gehenden Lebewesen zuordnet, stammen – wie

„Lucy" – aus Afrika. Sie heißen **Australopithecus,** was so viel bedeutet wie „Südaffe". Die Südaffen waren etwa 120 bis 150 cm groß und kamen sicher in mehreren Formen in verschiedenen Landschaften Afrikas vor. Sie benutzten Steine oder Knochenreste als Werkzeuge.

Erst die letzten 2 Meter deiner Zeitleiste sind für die „echten Menschen", die *Hominiden*, vorgesehen. Vor etwa 2 Millionen Jahren lebte in Afrika der **Homo habilis,** der „geschickte Mensch". Er konnte gute, brauchbare Werkzeuge herstellen. Sein Gehirn war etwa 800 cm³ groß und damit viel größer als das heutiger Schimpansen. Der Schädel hatte über den Augen starke Wülste, die Stirn war flach. Der **Homo erectus,** der „aufrecht gehende Mensch", war größer als 150 cm. Er besaß ein Gehirn von 800–1200 cm³ und hatte sich vermutlich von Afrika aus weit über die Erde verbreitet. Seine Werkzeuge sind sehr verfeinert und zur Jagd und zum Zerteilen der Beute geeignet. Der „aufrecht gehende Mensch" konnte wahrscheinlich vor einer Million Jahren schon Feuer entzünden und war dadurch den damals noch lebenden Südaffen weit

44.1. Jetztmensch aus Cro Magnon

überlegen. Möglicherweise konnten sich die Mitglieder einer solchen Gruppe durch einfache Laute bereits untereinander verständigen.

Aus dem „aufrecht gehenden Menschen" entwickelte sich schließlich der **Homo sapiens,** der „vernunftbegabte Mensch". Der *Neandertaler* war ein solcher „vernunftbegabter Mensch". Er gilt nicht als direkter Vorfahre von uns. Vor etwa 100 000 Jahren war er in Europa weit verbreitet, starb allerdings vor etwa 30 000 Jahren aus. Zu dieser Zeit lebte bereits der **Jetztmensch.** Vor allem in Frankreich, zum Beispiel in Cro Magnon, fand man Skelettreste dieser Menschen. Kunstvolle Steinwerkzeuge und Höhlenmalereien zeugen von der hohen Kultur dieser Menschen. Dies erkennen wir auch daran, daß sie ihre Toten bestattet haben. Während in früheren Jahrmillionen sicher mehrere Menschenarten nebeneinander vorkamen, gibt es heute nur noch eine Art: den Jetztmenschen.

Rätselhafte Knochen aus der Kiesgrube

Besonders begeistert sind Wissenschaftler über Versteinerungen, die den Übergang von einer Tierklasse zur anderen zeigen. Ein Beispiel, das du kennst, ist der Urvogel Archaeopteryx, der eine Übergangsform zwischen Kriechtieren und Vögeln darstellt. Eine solche Übergangsform zwischen Menschenaffen und Mensch müßte es doch auch geben. Darin waren sich die Wissenschaftler einig.

Der Rechtsanwalt CHARLES DAWSON war ein begeisterter Sammler von Versteinerungen und Resten ausgestorbener Lebewesen. Immer wieder wanderte er auf der Landstraße bei Piltdown in Südengland zu einer Stelle, an der sich eine Kiesgrube befand. Da die Arbeiter von der Sammelleidenschaft des Rechtsanwaltes wußten, übergaben sie ihm auch sofort eine braune Knochenschale, die sie gefunden und zuerst für einen Teil einer Kokosnuß gehalten hatten. Mehr war in diesem Jahr, es war 1908, leider nicht zu finden.

Erst 1911 tauchte in dieser Kiesgrube noch ein weiteres Schädelbruchstück auf. Jetzt waren auch Wissenschaftler des Britischen Museums aufmerksam geworden. 1912 organisierte man deshalb eine Grabung, bei der noch ein Unterkieferknochen und zwei Zähne gefunden wurden. Der Unterkiefer war eindeutig der eines Affen. Genau dies hatte man zu finden gehofft: Einen menschenähnlichen Schädel und einen affenähnlichen Unterkiefer.

Wenn die gefundenen Teile zusammengehörten, hatte man tatsächlich eine Übergangsform zwischen Affen und Menschen gefunden. Nur wenige zweifelten daran, weil sich die wichtigsten Autoritäten der Wissenschaft sicher waren.

Mehr als 40 Jahre später, erst 1955, wurde der **Piltdown-Schädel** als Fälschung erkannt. Irgendjemand hatte die gesamte wissenschaftliche Welt an der Nase herumgeführt. Bis heute weiß man nicht, wer es gewesen ist.

Diese Geschichte zeigt, wie schwierig es ist, Knochenfunde einander richtig zuzuordnen. Besonders die Altersbestimmung machte lange Zeit große Schwierigkeiten. Auch heute sind im Stammbaum des Menschen noch viele Fragen offen.

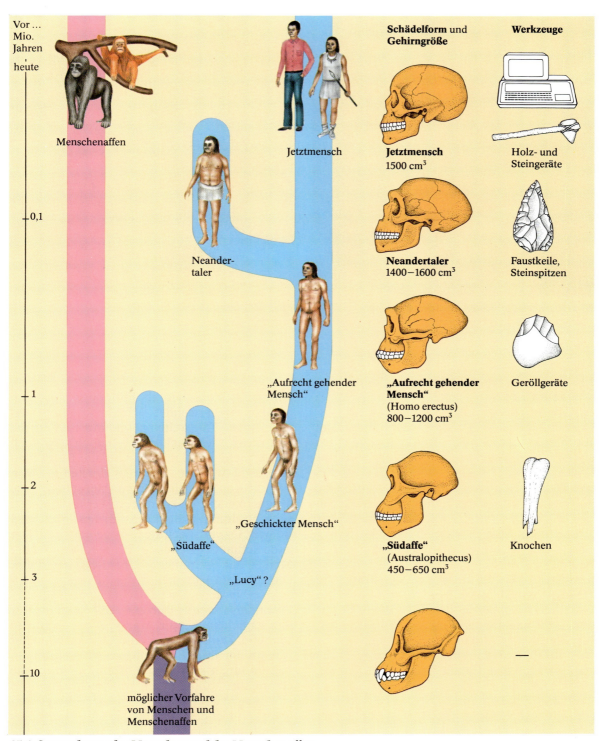

Vor …
Mio.
Jahren

heute

Menschenaffen

Jetztmensch

Neander-
taler

„Aufrecht gehender
Mensch"

„Geschickter Mensch"

„Südaffe"

„Lucy" ?

möglicher Vorfahre
von Menschen und
Menschenaffen

Schädelform und
Gehirngröße

Jetztmensch
1500 cm³

Neandertaler
1400−1600 cm³

**„Aufrecht gehender
Mensch"**
(Homo erectus)
800−1200 cm³

„Südaffe"
(Australopithecus)
450−650 cm³

Werkzeuge

Holz- und
Steingeräte

Faustkeile,
Steinspitzen

Geröllgeräte

Knochen

—

45.1. Stammbaum des Menschen und der Menschenaffen

46.1. Werkzeuggebrauch bei Schimpansen

46.2. Höhlenmalerei – 10 000 Jahre alt

3.3. Was unterscheidet den Menschen vom Tier?

Der Schimpanse sitzt vor einem Termitenhügel. Termiten sind für ihn eine Delikatesse, aber wie kann er an die Tierchen im zementharten Termitenbau gelangen? Da bricht er sich einen Zweig von einem Busch, streift die Blätter ab und steckt ihn in eine Öffnung des Termitenhügels. Die gestörten Tiere beißen sich fest und können leicht aus dem Bau gezogen werden. Wie Beeren von einem Zweig „erntet" der Schimpanse seine Beute.

Dies ist ein Beispiel für **Werkzeuggebrauch** bei Tieren. Auch der Mensch hat im Verlaufe seiner Entwicklung sicher in ähnlicher Weise begonnen, Gegenstände als Werkzeuge zu benutzen. Nur Steingeräte sind uns noch erhalten.

Die ältesten, ganz grob behandelten Steine stammen von den Südaffen Afrikas. Über zweieinhalb Millionen Jahre sollen sie alt sein. Im Laufe der Zeit wurden die Steingeräte vielfältiger. Für verschiedene Tätigkeiten wie Schneiden, Schaben oder Bohren wurden unterschiedliche Formen angefertigt.

Als Folge des aufrechten Ganges wurde die *Hand* des Menschen als Fortbewegungsorgan nicht mehr verwendet. Mit ihr konnten jetzt viele andere Tätigkeiten ausgeführt werden. Sie wurde ein „Vielzweckorgan". Jedoch kann auch die menschliche Hand nicht für alle Tätigkeiten eingesetzt werden. Erst die Herstellung von Werkzeugen erschließt dem Menschen neue Möglichkeiten. Er kann jetzt Werkzeuge nach ganz bestimmten Bedürfnissen herstellen und sie wie „Organe nach Bedarf" gebrauchen. Der feine Schraubenzieher des Uhrmachers und der Meißel des Steinmetzes sind Beispiele dafür. Die geistigen Fähigkeiten des Menschen spielten hierbei sicher eine entscheidende Rolle.

Besonders wichtig für die Entwicklung der menschlichen Kultur war die **menschliche Sprache.** Durch sie war eine Weitergabe neuer Kenntnisse und Erfahrungen möglich. Auch Tiere können sich verständigen. So warnt die Henne ihre Küken durch Warnrufe, wenn sich ein Habicht am Himmel zeigt. Diese Verständigung kann jedoch nur über eine im Augenblick bestehende Gefahr erfolgen. Der Mensch hat darüber hinaus aber eine Sprache entwickelt,

47.1. Bestattung beim Neandertaler

47.2. Computer – „Werkzeug" des Menschen

mit der er auch über Dinge reden kann, die im Moment nicht gegenwärtig sind. So kann dich deine Mutter vor einer Gefahr warnen, die dir noch nie begegnet ist. Der Mensch ist somit in der Lage, über Zukünftiges zu sprechen und „vorausschauend" zu planen. Die Erfindung der Wortsprache war für die Menschen also von Anfang an ein unschätzbarer Vorteil. Gute und schlechte Erfahrungen konnten anderen Mitgliedern der Sippe mitgeteilt werden.

Zu Beginn der kulturellen Entwicklung waren die Menschen Jäger und Sammler und lebten nur begrenzte Zeit am selben Ort. Sie stellten sich Kleider aus Fellen her, fertigten wirksame Jagdwaffen an und begruben ihre Toten. Aus den Grabbeigaben wie Blumen, Nahrungsmitteln und Gegenständen des täglichen Bedarfs kann man heute schließen, daß die Menschen der damaligen Zeit an ein Leben nach dem Tod glaubten.
Auch die *Höhlenmalereien* zeugen von der hohen Kultur der frühen Menschen. Meist sind es Szenen der Jagd, die sich an den Höhlenwänden finden.

Vor 5000 bis 6000 Jahren erfand der Mensch die **Schrift.** Nun konnte Sprache aufgezeichnet, erhalten und damit Wissen weitergegeben werden. Die kulturelle Entwicklung wurde dadurch beschleunigt.
Die Erfindung des **Buchdrucks** war ein weiterer bedeutsamer Schritt in dieser Richtung.
Wissen wurde jetzt noch schneller und an noch mehr Menschen übermittelt.
Heute sind es die **Computer,** die Daten in bisher unbekannter Geschwindigkeit speichern und verarbeiten können.
Durch seine Fähigkeiten des Werkzeuggebrauchs, der Schrift, der Sprache und durch seine Kultur unterscheidet sich der Mensch ganz wesentlich vom Tier. Deshalb nimmt er unter den Lebewesen eine **Sonderstellung** ein.

48.1. Europide   *48.2. Negride*

3.4. Rassen des Menschen

Birgit und Jochen waren letzten Sonntag am Flughafen, um die startenden und landenden Flugzeuge zu beobachten. Aus vielen Ländern der Erde kamen die Düsenriesen und brachten Besucher. In der Halle herrschte ein Gewirr verschiedenster Sprachen. Menschen ferner Länder, oft in den typischen Kleidern ihrer Heimat, standen zusammen und warteten auf den Start ihrer Maschine. Alle diese Menschen, ob schwarz, ob weiß, dunkelhaarig oder blond, sind Rassen ein und derselben Art, des **Jetztmenschen.** Woher kommen die unterschiedlichen Merkmale, die einzelne *Menschenrassen* auszeichnen?

Viele Merkmale des Menschen sind erblich, hängen also davon ab, welche Anlagen er von seinen Eltern mitbekommen hat. Die Blutgruppe oder die Farbe der Augen sind Beispiele. Auf Grund erblicher Merkmale kann man die auf der Erde lebenden Menschen in drei große **Rassengruppen** einteilen: *Europide, Mongolide* und *Negride.* Zu den Merkmalen der euro-piden Rasse zählen eine hohe schmale Nase, glattes bis leichtwelliges Haar und helle Haut. Die Menschen der mongoliden Rasse sind von kräftigem Körperbau und besitzen ein flaches Gesicht mit auffälligen Wangenbeinen, dunkle Augen und schmale Lidöffnungen. Ihre Haut hat einen leichten Gelbton. Die negride Rassengruppe zeichnet sich durch dunkle Hautfarbe, kräftige Lippen, breite Nase und krauses Kopfhaar aus. Es gibt eine Vielzahl kleinerer Gruppen, die sich allerdings keiner der drei Rassengruppen zuordnen lassen.

Wie sind alle diese Menschenrassen entstanden? In den Jahrmillionen, in denen sich der Mensch entwickelt hat, sind immer wieder Menschengruppen lange Zeit durch Meere, Gebirge oder während der Eiszeiten durch unüberwindbare Gletscher getrennt gewesen. Während dieser *Isolation* haben sich, wie bei anderen Lebewesen auch, durch *Erbänderungen* und durch *Auslese* besondere Merkmale herausgebildet. Es waren diejenigen Merkmale, die für den jeweiligen Lebensraum am vorteilhaftesten waren.

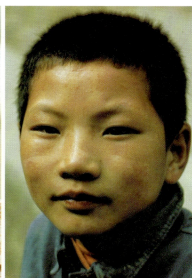

49.1. Negrider   **49.2. Mongolide**

Schon immer ist es in den Grenzgebieten solcher Rassengruppen zu Vermischungen gekommen, so daß es wohl noch nie völlig reine Rassen gegeben hat. Vor allem die großen Wanderzüge in den vergangenen Jahrhunderten trugen zu einer Vermischung der Rassen bei. Auch heute führen die weltweiten wirtschaftlichen und verkehrstechnischen Verflechtungen zunehmend zu einer Vermischung der Rassen.

In Ländern, in denen Menschen verschiedener Rassen auf engem Raum zusammenleben, treten jedoch immer wieder *Rassenkonflikte* auf. Meist werden eigene Rassenbesonderheiten besonders stark betont und geschätzt, und die Eigenheiten anderer Rassen werden als minderwertiger erachtet. Dies sind jedoch Vorurteile. Eine Möglichkeit, Rassenvorurteile abzubauen, ist das gegenseitige Kennenlernen und Verstehenwollen. Die Besonderheiten anderer Rassen sollten als gleichwertig anerkannt und geachtet werden.

Mustafa ist neu in der Klasse

Die Klasse 8a hat seit einigen Wochen einen neuen Schüler. Mustafa ist Türke. Sein Vater arbeitet in einer großen Firma. Kürzlich hat es Streit gegeben. Während der großen Pause, als sich vor dem Limonadenautomaten eine Schlange bildete, hat sich Klaus vorgedrängt. Mustafa, der gerade an der Reihe war, hat Klaus einfach wieder nach hinten geschubst. Das war schmerzhaft für Klaus, denn Mustafa ist der Stärkste in der Klasse. Klaus hat sich sehr geärgert, und er hat Mustafa einen „Kümmeltürken" genannt. Da war auch Mustafa sehr wütend. Beide haben sich mehr geärgert als es der kleine Zwischenfall eigentlich wert war. Jetzt vertragen sie sich schon wieder. In der Klasse wurde übrigens über diesen Streit noch einmal gesprochen. Keiner wußte so richtig zu erklären, warum Klaus gerade bei Mustafa so heftig reagiert hat, obwohl er zugab, daß er im Unrecht war.

1. Wie beurteilst du das Verhalten der beiden Jungen?

Verhalten bei Tier und Mensch

50.1. Sven und Melle – zwei, die sich verstehen

1. Verständigung bei Tier und Mensch

Ich spreche oft mit Julius

„Mit meinem Dackel Julius spreche ich sehr oft. Er versteht fast jedes Wort. Wenn ich zu ihm sage: ‚Komm, wir gehen spazieren‘, läuft er sofort zur Haustür. Auf Befehle wie ‚Sitz!‘ und ‚Gib Pfötchen!‘ reagiert Julius sofort richtig. Auch ich verstehe die Hundesprache schon recht gut. Wenn Julius an der Tür kratzt, weiß ich, daß er hinaus will. An seiner Art zu bellen erkenne ich, ob ein Fremder vor der Tür steht. Mit seinem Schwanz kann er mir viel mitteilen: Klemmt er ihn zwischen die Beine, hat er Angst; wedelt er mit ihm, ist er gut gelaunt.“

1. Sprechen die beiden wirklich miteinander?

2. In vielen Kinderfilmen, die im Fernsehen gezeigt werden, vollbringen Tiere erstaunliche Leistungen. Delphine, Affen und Löwen scheinen unsere Sprache zu verstehen. Was meinst du dazu?

1.1. Beißen Hunde, die bellen, wirklich nicht?

Der Postbote steht zögernd vor der Gartenpforte. Auf der anderen Seite des Tores bellt laut mit knurrenden Zwischentönen ein großer Schäferhund. Kann der Postbote ohne Gefahr den Garten betreten? Man sagt doch: Bellende Hunde beißen nicht.

Sicherlich hast auch du schon einmal eine ähnliche Situation erlebt. Hunde verteidigen oft mit lautem Gebell das Grundstück. Es ist ihr *Revier.* Sie beißen meist nicht, solange der Besucher dieses *Drohverhalten* beachtet. In solchen Fällen sollte man lieber warten, bis der Besitzer des Hundes erscheint, als dem Sprichwort zu trauen.

Doch die Stimmung eines Hundes kann man nicht nur an den **Lautäußerungen** erkennen. Viel wichtiger sind die stummen Signale, die von seinem Körper ausgehen, nämlich die **Körpersprache.** Jeder Hundehalter kann an der Körpersprache, am Gesichtsausdruck und an der Stellung von Ohren und Schwanz erkennen, in welcher Stimmung sich der Hund befindet. So ist ein Hund, der einem schwanzwedelnd ent-

51.1. Zwei Hunde begegnen sich

51.2. Männchen eines Nachtfalters

Partnersuche

gegenkommt, in friedlicher Stimmung. Wenn sich zwei feindlich gesinnte Rüden begegnen, kannst du die Drohgebärden gut beobachten. Mit gesträubten Nackenhaaren, gefletschten Zähnen und aufgerichtetem Schwanz stehen sie sich gegenüber. Manchmal reicht dieses Drohverhalten aus, um den Rivalen einzuschüchtern. Oft kommt es aber auch zu einem Kampf, bei dem sich beide zu beißen versuchen. Erst wenn der Besiegte flieht oder sich auf den Rücken legt, ist der Kampf beendet.

Wenn du mit deinem Hund spazierengehst, möchte er an jeder Straßenecke, an jedem Laternenpfahl und an vielen Straßenbäumen stehenbleiben, um ausgiebig zu schnüffeln. Mit seinem wichtigsten Sinnesorgan, der Nase, „liest" er an diesen Stellen die **Duftspuren.** Rüden heben an solchen markanten Punkten ihr Bein, um Urin abzugeben. Mit diesen Duftmarken können sie ihren Artgenossen den Revierbesitz anzeigen.

Insekten haben vielfältige Methoden entwickelt, um einen Partner zu finden.

In den warmen Sommermonaten kannst du oft merkwürdige Zirpkonzerte aus den Wiesen hören. Die Männchen von Heuschrecken und Grillen erzeugen **Laute,** um auf diese Weise Weibchen anzulocken. Das „Musikinstrument" der *Laubheuschrecken* befindet sich an den beiden Vorderflügeln. Werden diese übereinandergerieben, entstehen die Zirplaute. Die Weibchen empfangen diese Töne mit besonderen Hörorganen an den Vorderbeinen. So finden sie ein Männchen.

Leuchtkäfer finden ihren Partner mit einer anderen Methode. Diese Käfer, man nennt sie auch Glühwürmchen, haben ein kleines Leuchtorgan an ihrem Hinterleib, mit dem sie **Lichtsignale** aussenden können. Von diesen gelenkt, fliegen die Männchen zu den flugunfähigen Weibchen.

Die Weibchen von *Nachtschmetterlingen* senden **Duftstoffe** aus, um ein Männchen zu finden. Diese haben große Fühler, mit denen sie die vom Wind verbreitete Lockbotschaft wahrnehmen. Zielsicher gelangen sie über weite Entfernungen zu den Weibchen.

3. Welche Möglichkeiten haben Hunde, sich untereinander zu verständigen?

4. Nenne weitere Beispiele, wie Tiere Geschlechtspartner anlocken und finden!

52.1. Sammlerin an einer Kirschblüte   *52.2. Bienentanz*

1.2. „Aufgepaßt: Reichhaltige Futterquelle 900 Meter südlich!"

Für Bienen gibt es im Frühjahr viel zu tun. In den wenigen blütenreichen Monaten müssen sie neben ihrem täglichen Nahrungsbedarf auch den gesamten Wintervorrat eintragen. Kundschafterbienen suchen in dieser Zeit täglich nach neuen Nahrungsquellen. Haben sie eine solche Stelle entdeckt, müssen sie schnell Hilfe herbeiholen. Doch wie können sie den anderen Bienen im Stock mitteilen, wo diese Blüten zu finden sind? – Für uns ist so etwas kein Problem: Wenn zum Beispiel irgendwo ein Restaurant mit gutem und reichhaltigem Essen eröffnet hat, so spricht sich das schnell herum.

Durch Beobachtungen bei Bienen hat man festgestellt, daß sie tatsächlich ihren Stockgenossinnen die Lage einer ertragreichen Futterquelle mitteilen können. Sie geben durch **Tänze** bestimmte Informationen darüber weiter.

Hat eine Biene in der nächsten Umgebung des Stockes blühende Kirschbäume gefunden, so tanzt sie gleich nach der Heimkehr auf den Wa-ben im Bienenstock. Sie läuft in einem Kreis immer abwechselnd einmal links herum, einmal rechts herum. Oft dauert dieser *Rundtanz* mehrere Minuten. Andere Sammelbienen versuchen dabei, mit den Fühlern Verbindung zum Körper der tanzenden Biene zu halten. So bekommen sie die Information, daß in der Nähe eine Futterquelle liegt. Je größer die **Ergiebigkeit,** um so ausdauernder und lebhafter tanzt die Kundschafterin. Die **Art der Nahrung** erfahren die anderen Bienen durch den anhaftenden Duft der heimgekehrten Biene. Die so informierten Bienen schwärmen aus und suchen im Umkreis des Stockes nach diesem Duft.

Solange die Blüten reichlich Nektar bieten, tanzt jede heimkehrende Biene, um weitere Sammlerinnen zu mobilisieren. Wenn nach einigen Stunden die Nahrung spärlicher wird, ist der Tanz nicht mehr so stürmisch und nur noch von sehr kurzer Dauer.

Bienen suchen ihre Nahrung jedoch nicht nur in der Nähe des Stockes. Wenn die blühenden Kirschbäume mehrere hundert Meter entfernt stehen, muß die Kundschafterin genauere In-

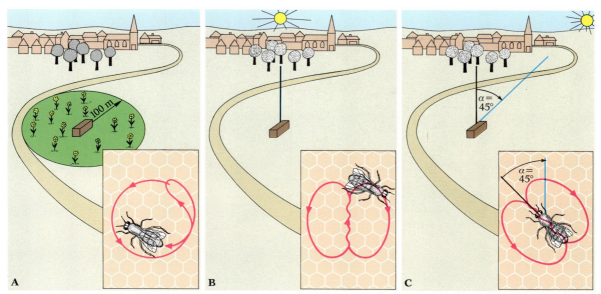

53.1. „Bienensprache". *A Rundtanz; B und C verschiedene Schwänzeltänze*

formationen über die neue Fundstelle weitergeben. Weit entfernte Blüten nur nach dem Duft zu finden, ist kaum möglich. Die anderen Sammlerinnen benötigen Informationen, in welche Richtung sie fliegen müssen und wie weit die Blüten entfernt sind. Wir könnten das mit Worten leicht erklären. Aber wie sollen Bienen ihre Stockgenossinnen so genau informieren?

Sie können es tatsächlich. Liegt eine Nahrungsquelle weiter als 100 Meter entfernt, teilen sie es durch einen *Schwänzeltanz* mit. Bei diesem Tanz läuft die heimkehrende Biene im dichten Gedränge ihrer Stockgenossinnen halbkreisförmige Bögen. Auf der geraden Verbindungslinie der beiden Bögen bewegt sie ihren Hinterleib rasch hin und her. Man nennt das den Schwänzellauf.

Die Geschwindigkeit, mit der dieser Tanz ausgeführt wird, gibt den anderen Bienen die **Entfernung** der Futterstelle an. Je weiter die Blüten entfernt sind, um so langsamer wird getanzt. Liegen die Kirschbäume 100 Meter vom Stock entfernt, werden in einer Minute ungefähr 40 vollständige Tanzfiguren gelaufen; bei einer Entfernung von 3000 Metern sind es nur noch 10.

Um die **Richtung,** in der die Futterquelle liegt, mitzuteilen, richten sich die Bienen nach dem Sonnenstand. Liegen die Kirschbäume vom Stock aus in Richtung zur Sonne, so führt der geradlinige Schwänzellauf auf der senkrechten Wabe von unten nach oben. Stehen die Kirschbäume aber vom Stock aus 45° links von der Sonne, tanzt die Biene den Schwänzellauf von rechts unten nach links oben in einem Winkel von 45°. Dieser Winkel zwischen der Senkrechten und dem Schwänzellauf gibt also genau die Richtung der Kirschbäume vom Stock aus zur Sonne an.

1. Welche Informationen können Bienen an ihre Stockgenossinnen weitergeben? Nimm auch die Abbildung 53.1. zu Hilfe!

2. Eine Kundschafterin hat 900 Meter vom Stock entfernt Kirschblüten entdeckt. Auf dem Weg zu den Kirschblüten hatte sie die Sonne genau im Rücken. Zeichne die Tanzfigur!

54.1. „Tor!"

54.2. Schüler an der Tafel

1.3. „Schau nicht so wütend – sag', was dir fehlt!"

Klaus schaut sich im Fernsehen ein Fußball-spiel an. Seit mehreren Minuten ist der Ton aus-gefallen. Die Kamera zeigt gerade den Trainer der brasilianischen Mannschaft. Plötzlich springt dieser auf und reißt die Arme hoch. „Tor für Brasilien!" ruft Klaus enttäuscht. Woher weiß er das?

Klaus hat das Hochreißen der Arme als Aus-druck der Freude und des Triumphes richtig ge-deutet. Viele Gebärden der Menschen sind auf der ganzen Welt nahezu gleich. Es gibt viele Bei-spiele für diese *Körpersprache* oder **Gestik.** So zeigen wütende Menschen fast immer das glei-che Verhalten: Sie ballen die Fäuste, heben die Schultern und stampfen mit den Füßen auf den Boden.

Doch nicht nur an der Gestik ist die Stimmung eines Menschen erkennbar. Meistens verändert sich mit der Stimmung auch der *Gesichtsaus-druck.* Diese **Mimik** gehört ebenso zu den Ver-ständigungsmitteln der Menschen untereinan-der. Möglicherweise hast auch du schon einmal in einem Café oder vor einer Telefonzelle fremde Leute bei einer Unterhaltung beobachtet. Ohne ihre Worte zu verstehen, kann man am Ge-sichtsausdruck erkennen, ob es sich um eine freundliche Unterhaltung oder um ein Streit-gespräch handelt.

Der Verhaltensforscher EIBL-EIBESFELDT hat die menschliche Mimik genau untersucht. Durch Fotos und Filme konnte er belegen, daß es viele Gemeinsamkeiten beim Ausdrucksver-halten der Menschen gibt. So sind die mimi-schen Bewegungen beim Lachen und Weinen auch bei Menschen verschiedener Völker, die eine ganz andere Sprache und auch eine sehr unterschiedliche Lebensweise haben, völlig gleich.

Ein Schüler, der eine falsche Antwort gibt, er-kennt dieses oft schon am Gesichtsausdruck des Lehrers und kann dann seine Antwort noch schnell verbessern. Doch nicht immer ist Ver-laß auf diese „sprechenden Gesichter": Viele Menschen zeigen ein „Pokergesicht" oder einen anderen mimischen Ausdruck, wenn sie ihre Gesprächspartner täuschen wollen.

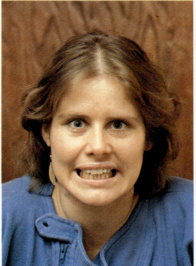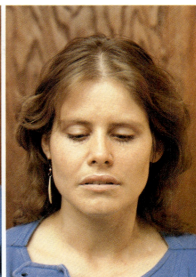

55.1. Mimik einer Schauspielerin

Wenn ein Freund dich wütend anschaut, versehst du seine Mimik sicher sofort richtig, aber weshalb er wütend ist, das verrät dir der Gesichtsausdruck nicht. Hier hilft nur unser wichtigstes Verständigungsmittel, die **Sprache.** Mit Worten drücken wir unsere Gefühle und Gedanken aus, reden also auch über Dinge, die man nicht sieht. Wir teilen eigene Erfahrungen anderen mit, die sie dann wieder weitergeben. Eine Biene, die den Tanz einer Kundschafterin verfolgt hat, könnte niemals diese Informationen weitergeben, ohne selbst bei der Futterstelle gewesen zu sein.

Wenn Techniker heute ein neues Auto konstruieren, greifen sie auf frühere Erfahrungen zurück. Es stehen ihnen dafür Informationsspeicher wie Bücher oder Computer zur Verfügung. So werden frühere Fehler vermieden. Mit Hilfe der Wortsprache können wir aber auch über Dinge reden, die in der Zukunft liegen. Die Techniker besprechen zum Beispiel heute schon, wie das Auto der Zukunft aussehen soll, oder ob es in der Zukunft andere Beförderungsmittel geben wird.

Die Wortsprache ermöglichte es den Menschen, gute oder schlechte Erfahrungen von Generation zu Generation weiterzugeben. So konnte durch diese Überlieferung die menschliche *Kultur* entstehen.

1. Deute das Mienenspiel der Schauspielerin in Abbildung 55.1.!

2. Suche in Zeitschriften Fotos, auf denen Menschen Ausdrucksbewegungen zeigen. Schneide die Fotos aus und ordne sie! (Freude, Wut, Trauer, Entsetzen, …)

3. Versuche mit möglichst wenigen Strichen das Gesicht eines Menschen zu zeichnen, der wütend, traurig oder fröhlich schaut!

4. Du hast nun Verständigungsmöglichkeiten bei Bienen (Bienensprache) und bei Menschen kennengelernt. Kann man beide Verständigungsmöglichkeiten miteinander vergleichen? Zeige Übereinstimmung auf, nenne aber auch die Unterschiede!

56.1. Stichlinge

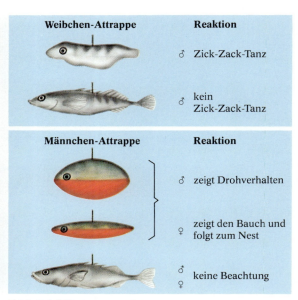

56.2. Stichlingsattrappen

2. Angeborenes und erlerntes Verhalten bei Tieren

2.1. Ein Fisch, der ein Nest baut

In vielen Gewässern können wir den Dreistacheligen Stichling finden. Die Männchen und Weibchen leben fast während des ganzen Jahres friedlich in Schwärmen zusammen und sind kaum voneinander zu unterscheiden. Doch im Frühjahr verlassen die Männchen den Schwarm. Im flacheren und wärmeren Wasser sucht jetzt jedes Stichlingsmännchen ein geeignetes **Revier,** um darin sein Nest für die spätere Brut zu bauen. Die sonst graugrünen Männchen verfärben sich nun: Das Auge wird leuchtend blau, und der Bauch färbt sich intensiv rot.

Dringt ein fremdes Männchen in das Revier ein, schwimmt ihm der Revierinhaber entgegen. Er nimmt eine **Drohhaltung** ein, indem er sich mit dem Kopf nach unten senkrecht vor den Eindringling stellt und seine Stacheln aufrichtet. In der Regel flieht dieser daraufhin. Diese *Revierverteidigung* ist sehr wichtig, denn nur mit einem eigenen Revier kann der Stichling seinen Jungen später genügend Nahrung bieten.

Doch woran erkennt der Stichling seinen Rivalen? Um diese Frage zu beantworten, haben Wissenschaftler Versuche mit *Attrappen* durchgeführt. Entdeckt ein Stichling in seinem Revier eine naturgetreue Nachbildung eines Stichlingsmännchens ohne roten Bauch, so schenkt er dieser Attrappe keine Beachtung. Eine sehr plumpe Nachbildung mit rotem Bauch löst jedoch sofort das *Drohverhalten* des Revierinhabers aus. Stichlingsmännchen müssen diese Verhaltensweise nicht lernen, sie ist ihnen angeboren. Der rote Bauch eines Eindringlings ruft diese *angeborene Verhaltensweise,* die **Instinkthandlung,** hervor. Solche Reize, die ein bestimmtes Verhalten auslösen, nennt man **Schlüsselreize.** So wie ein Schlüssel zu einem bestimmten Schloß paßt, so löst dieser Reiz nur das dazu passende Verhalten aus.

Eine solche Instinkthandlung wird jedoch nicht immer automatisch durch Schlüsselreize in Gang gesetzt. Eine innere **Handlungsbereitschaft** darf nicht fehlen. So reagieren die Männchen im Herbst nicht auf Attrappen mit einem roten Bauch, da sie sich nicht in Fortpflanzungsstimmung befinden.

An einem günstigen Platz des Reviers hebt das Männchen nun mit dem Maul eine Mulde aus.

57.1. Fortpflanzungsverhalten beim Stichling. *A Männchen beim Nestbau; B Männchen weist zum Nesteingang; C Männchen stößt gegen die Schwanzwurzel*

In ihr werden Pflanzenteile mit Schleim verklebt, bis eine etwa walnußgroße Kugel entstanden ist, durch die das Männchen einen Tunnel bohrt.

Kommt jetzt ein laichbereites Weibchen in das Revier, so gerät das Männchen beim Anblick des dicken, prall mit Eiern gefüllten Bauches in Balzstimmung. Es schwimmt dem Weibchen mit Zick-Zack-Bewegungen entgegen. Das Weibchen richtet sich auf diesen Schlüsselreiz hin schräg auf, so daß der dicke Bauch sichtbar ist. Daraufhin schwimmt das Männchen zum Nest, legt sich auf die Seite und weist mit dem Kopf in den Nesteingang. Dieser Schlüsselreiz wiederum bewirkt, daß das Weibchen in den Nesttunnel einschlüpft. Jetzt stößt das Männchen mit dem Maul gegen die Schwanzwurzel des Weibchens. Auf diesen Berührungsreiz hin laicht es ab und verläßt das Nest. Nun schwimmt das Männchen hinein und besamt die Eier.

Das Stichlingsmännchen übernimmt die Brutpflege allein. Mit den Brustflossen fächelt es den Eiern Wasser zu, die so mit genügend Sauerstoff versorgt werden. Nach ungefähr einer Woche schlüpfen die Jungen. Sie werden vom Männchen etwa zwei Wochen lang bewacht. Dann verliert das Stichlingsmännchen die rote Färbung und verläßt sein Revier. Nun beginnt wieder das Leben im Schwarm.

Das Fortpflanzungsverhalten der Stichlinge zeigt, daß Instinkthandlungen zu einer Kette verknüpft sein können. So ist ein bestimmtes Verhalten des Männchens ein Schlüsselreiz, der sofort eine Handlung des Weibchens auslöst. Diese Handlung wieder kann als Schlüsselreiz ein bestimmtes Verhalten beim Männchen in Gang setzen. Man spricht dann von einer **Handlungskette.** Die dabei wirksamen Schlüsselreize hat man ebenfalls mit *Attrappenversuchen* festgestellt. So beachtet ein Männchen eine naturgetreue Weibchennachbildung ohne dicken Bauch kaum. Es führt jedoch sofort den Zick-Zack-Tanz bei einer plumpen Attrappe mit dickem Bauch aus.

1. Erkläre den Begriff „Schlüsselreiz" und nenne Beispiele aus den Verhaltensweisen des Stichlings!

2. Wozu dienen Attrappenversuche?

58.1. Hasso bringt die Zeitung

58.2. Zirkusdressur

2.2. Können Tiere lernen?

Jeder Hundebesitzer ist froh, wenn sein Tier endlich stubenrein ist. Schon junge Hunde müssen das früh lernen. Einige Hunde bellen, andere öffnen Türen oder laufen mit der Hundeleine im Maul zum Herrchen, wenn sie einmal vor die Tür müssen. Wie können Tiere so etwas lernen? Am Beispiel der Mäuse wollen wir das einmal etwas genauer untersuchen.

Viele Mäusearten leben in unterirdischen Gangsystemen. Es ist für sie lebensnotwendig, daß sie sich in diesen verzweigten Gängen schnell orientieren können. Setzt man Mäuse in ein Labyrinth, in dem sie den Weg zu ihrem Käfig finden müssen, so stellt man fest, daß jede Maus beim ersten Versuch noch sehr viele Fehler macht und sehr viel Zeit benötigt. Bei weiteren Versuchen kommt sie schneller ans Ziel und die Zahl der Fehler nimmt ab. Durch **Versuch und Irrtum** hat sie gelernt, auf welchem Wege sie schnell zum Käfig gelangt. Eine Handlung, die zum Erfolg führt, merkt sich das Tier. Doch nicht nur durch Erfolge, sondern auch durch Mißerfolge lernen Tiere. Gerät eine Maus in eine Sackgasse, so muß sie einen anderen Weg wählen, um zum Erfolg zu gelangen. Dieses Lernverhalten kann man auch bei anderen Tieren beobachten. So müssen freilebende Eichhörnchen erst einige Nüsse geöffnet haben, bis sie durch dieses wiederholte Ausprobieren die richtige Nagetechnik beherrschen. Führt ein Tier jedoch längere Zeit eine bestimmte Handlung nicht aus, kann es diese wieder *verlernen*.

Auch Hunde können durch Versuch und Irrtum lernen. Oft dauert es aber sehr lange, bis sie auf diese Weise ein Verhalten gelernt haben, das der Besitzer wünscht. Jeder Hundehalter weiß, daß man diesen Lernvorgang abkürzen kann. Belohnt man einen Hund unmittelbar nach einer bestimmten, zunächst ganz zufälligen Handlung, wird er diese wiederholen, um erneut belohnt zu werden. Bei der **Dressur** spielen *Belohnungen* wie Lob oder Futtergaben eine große Rolle. Wenn im Zirkus Pferde sich auf Kommando auf der Hinterhand aufrichten, so haben sie das durch langwierige Dressurarbeit gelernt. Bei dieser Dressur wird das natürliche Verhalten der Pferde durch Belohnungen verstärkt, denn auch in der freien Wildbahn steigen

59.1. Meise öffnet eine Milchflasche

Können Affen einsichtig handeln?

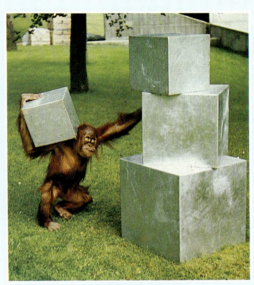

59.2. Orang-Utan beim Kistenversuch

Hengste bei Rivalenkämpfen voreinander hoch. In einem kleinen Gebiet Englands hatten Kohlmeisen gelernt, die Deckel voller Milchflaschen aufzupicken, die dort vom Milchmann vor die Haustüren gestellt wurden. So gelangten sie an die Sahne. Das Öffnen der Verschlüsse bereitete ihnen keine Schwierigkeiten, da Meisen häufig papierähnliche Rinde von Bäumen abreißen, um dahinter nach Nahrung zu suchen. Dieses Verhalten breitete sich rasch auf ein größeres Gebiet Englands aus. In diesem Fall haben Tiere aus den Erfahrungen anderer gelernt. Die Jungvögel lernten von ihren Eltern, die Deckel zu öffnen und die Milch aus den Flaschen zu trinken. Man spricht hier vom Lernen durch **Nachahmung.**

1. Wie könntest du einem Hund beibringen, daß er sich auf Kommando setzt?

2. Viele Enten kommen angeschwommen, wenn man mit einer Tüte am Ufer steht. Erkläre!

Im Fach Mathematik erscheinen dir Textaufgaben manchmal unlösbar. Nach längerem Überlegen hast du jedoch plötzlich eine Idee, wie du zur Lösung gelangst. Lange Zeit dachte man, daß nur wir Menschen Probleme durch Überlegen lösen können.

Verhaltensforscher haben mit Menschenaffen Experimente durchgeführt. Sie befestigten Bananen in so großer Höhe, daß Schimpansen diese nicht durch einen Sprung erreichen konnten. Sie legten jedoch im Gehege der Tiere verschiedene Gegenstände wie Kisten und Stöcke aus. Können Schimpansen den Zusammenhang zwischen den Hilfsmitteln und der unerreichbaren Banane erkennen? Finden sie durch Überlegen eine Lösung oder nur durch Versuch und Irrtum? Die Wissenschaftler beobachteten, daß die Tiere einen Augenblick zögerten, zu den Kisten schauten, um dann sofort richtig zu handeln. Schimpansen stapelten bei diesen Versuchen Kisten aufeinander oder schlugen die Bananen mit Stöcken herunter. Sie hatten also nach kurzer Zeit des Planens ohne Ausprobieren den Weg zur Lösung der Aufgabe gefunden. Man nennt das **einsichtiges Handeln.**

Wer war Kaspar Hauser?

Im Jahr 1828 tauchte in Nürnberg der etwa 16 Jahre alte Junge Kaspar Hauser auf. Er konnte nur wenige Worte sprechen und nahm in der ersten Zeit nur Wasser und Brot zu sich. Ein Lehrer versuchte, ihn im Lesen, Schreiben und sogar in Fremdsprachen zu unterrichten. Nachdem er gelernt hatte, sich besser auszudrücken, erzählte er, daß er allein in einem dunklen Raum gesessen habe, solange er denken könne. Man vermutet, daß Kaspar Hauser ohne Kontakt zu anderen Menschen aufgewachsen ist. Schon im Jahr 1833 starb er. In der Verhaltensforschung spricht man von Kaspar-Hauser-Versuchen, wenn Tiere ebenso wie dieser Junge völlig isoliert aufwachsen. Sie haben so keine Möglichkeiten, bestimmte Verhaltensweisen durch Nachahmung zu erlernen.

60.1. Eichhörnchen lernen Nüsse zu öffnen

2.3. Wie kann man angeborenes und erlerntes Verhalten unterscheiden?

Für Eichhörnchen ist es lebenswichtig, im Herbst Vorräte anzulegen. Sie vergraben dann Nüsse an auffälligen Stellen wie Baumstümpfen oder dicken Steinen. Das Eichhörnchen scharrt mit den Vorderpfoten ein Loch in die Erde, legt die Nuß hinein und drückt sie mit der Schnauze fest. Schließlich bedeckt es die Nuß wieder mit Erde und preßt sie mit den Pfoten fest. Hat das Eichhörnchen dieses Verhalten gelernt oder ist es ihm angeboren?

Um das herauszufinden, hat man **Kaspar-Hauser-Versuche** durchgeführt. Eichhörnchen wurden gleich nach der Geburt von Menschen aufgezogen. Sie lebten in dieser Zeit in Käfigen ohne lockeren Boden. Außerdem bekamen sie zunächst nur Weichfutter zu fressen. So konnten sie weder das Nüssevergraben üben, noch einem Artgenossen dieses Verhalten abschauen. Als ein so aufgezogenes Eichhörnchen das erste Mal Gelegenheit erhielt, Nüsse zu vergraben, zeigte es sogleich das richtige Verhalten: Es nahm eine Nuß ins Maul, lief suchend umher und begann, an einer Ecke des Käfigs zu scharren. Selbst in einem Käfig mit Steinboden versuchte ein Eichhörnchen, Nüsse zu vergraben, obwohl es nicht zu einem Erfolg führte. Das Verhalten beim Nüssevergraben ist Eichhörnchen also **angeboren.** Durch Übung wird die Technik jedoch noch verfeinert.

Bei einem anderen Kaspar-Hauser-Versuch beobachtete man das Eintragen von Nistmaterial in einen hölzernen Kobel. Anfangs nahm das Eichhörnchen die sperrigen Halme so ins Maul, daß es kaum in das enge Einstiegsloch einschlüpfen konnte. Bei weiteren Versuchen machte es jedoch immer mehr Fortschritte. Es gelang dem Tier schließlich, die Halme so ordentlich im Maul zu bündeln, daß es sie leicht in den Kobel eintragen konnte. Das Eichhörnchen hatte also **gelernt,** wie die Halme am zweckmäßigsten transportiert werden können.

1. Lernen Tauben das Fliegen von ihren Artgenossen oder ist es ihnen angeboren? Wie könnte man das durch einen Versuch herausfinden?

61.1. Konrad Lorenz mit junger Schneegans

61.2. Entenküken läuft einem Ball nach

2.4. Warum schwimmen die Gänse hinter Konrad Lorenz her?

Der Verhaltensforscher KONRAD LORENZ hat viele Versuche mit Gänsen durchgeführt. Bei einem dieser Experimente wollte er das Verhalten von jungen Graugänsen gleich nach dem Schlüpfen beobachten. Er ließ deshalb die Eier in einem Wärmekasten ausbrüten. Als das erste Küken aus dem Ei schlüpfte, war LORENZ dabei. Da die wärmende Mutter fehlte, bedeckte er das Graugansküken mit einem Heizkissen und ahmte die Laute der Graugänse nach, um das Küken zu beruhigen. Nachdem der Verhaltensforscher seine Beobachtungen beendet hatte, brachte er das Gänsekind zu einer Hausgans, deren Küken auch gerade geschlüpft waren. LORENZ steckte sein Küken unter den warmen Bauch der Ersatzmutter. Doch sofort kroch es wieder unter dem Gefieder der Hausgans hervor und lief rasch zu LORENZ zurück. Es wollte die Hausgans als Mutter nicht annehmen, sondern schien sich nur bei dem Verhaltensforscher wohlzufühlen. Wie ist das zu erklären?

Durch viele Versuche fand LORENZ heraus, daß Gänseküken erst nach dem Schlüpfen **lernen,** wer als Mutter anzusehen ist: Was sich nach dem Schlüpfen in der Nähe *bewegt* und *Laute* von sich gibt, dessen Bild prägen sie sich ein. Bei freilebenden Gänsen ist das immer die brütende Graugans. Bei dem beschriebenen Versuch war es aber LORENZ, der sich in der Nähe des Gänsekükens bewegte und beruhigende Worte sprach. Diesen Lernvorgang nannte der Wissenschaftler **Prägung.** Wie bei einer Münze, in die ein Bild eingeprägt ist, hatte sich das Gänseküken das Bild seiner Mutter fest eingeprägt.

Bei anderen Versuchen wurden Stockentenküken auf die verschiedensten Attrappen geprägt. Sie sahen sogar einen Fußball mit eingebautem Lautsprecher als Ersatzmutter an, wenn dieser durch einen Motor bewegt wurde.
Bei allen Versuchen stellte man jedoch fest, daß eine Prägung nur in einer ganz bestimmten Zeit nach dem Schlüpfen möglich war. So können Stockentenküken nur im Alter von 8 bis 20 Stunden geprägt werden. Danach ist eine Prägung nicht mehr möglich.

Bedeutung des Mutterkontaktes bei Rhesusaffen

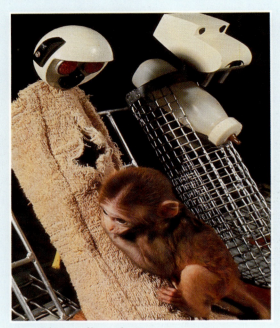

62.1. Rhesusaffe an der Ersatzmutter

62.2. Mutterlos aufgewachsene Äffchen

Affenbabies haben es gut: Sie klammern sich im Fell der Mutter fest und werden so ständig von ihr herumgetragen. Tun sie das, weil sie selber noch nicht laufen und klettern können, oder wollen sie nur ständig in der Nähe der „Nahrungsquelle" sein?

Der amerikanische Biologe HARLOW führte Versuche mit Rhesusaffen durch. Er trennte diese Tiere sofort nach ihrer Geburt von der Mutter. In den Käfig stellte HARLOW jedoch zwei Attrappen als Mutterersatz: Eine Attrappe war mit einem weichen Tuch überzogen, die andere bestand aus einem Drahtgestell mit einer Flasche, aus der die Äffchen Milch saugen konnten. Der Biologe beobachtete, daß die kleinen Affen sich nur dann wohlfühlten, wenn sie sich an der weichen Stoffattrappe festklammern konnten. Sie gingen nur dann zur Drahtattrappe, wenn sie Hunger hatten. Wurden die Rhesusäffchen erschreckt, suchten sie sofort bei der Stoffmutter Zuflucht. Dieser **körperliche Kontakt** war also für das Wohlbefinden der Tiere entscheidend.

HARLOW beobachtete, daß die mutterlos aufgewachsenen Rhesusaffen mit zunehmendem Alter schwere Verhaltensstörungen zeigten. Oft saßen sie teilnahmslos im Käfig, bekamen plötzlich ohne Grund heftige Wutanfälle und reagierten in bestimmten Situationen überängstlich. Lag es daran, daß die Stoffmutter eine leibliche Mutter nicht ersetzen konnte?

Der Biologe führte daraufhin weitere Versuche durch, bei denen er einige Tiere von Geburt an für drei, andere für sechs bis zwölf Monate isoliert hielt. Rhesusaffen, die für drei Monate von Artgenossen ferngehalten wurden, zeigten bei der Begegnung mit anderen Affen zunächst Verhaltensstörungen. Sie konnten jedoch schon nach kurzer Zeit normal in der Gemeinschaft leben. Diejenigen Affen, die länger als sechs Monate vom Menschen versorgt wurden, waren unfähig, Kontakte zu Artgenossen anzuknüpfen und mit ihnen zusammenzuleben. Die lange Trennung von der Mutter hatte also lebenslange Verhaltensschäden zur Folge.

Für Affenkinder ist der ständige Körperkontakt mit der Mutter in den ersten Lebensmonaten also sehr wichtig. Nur so kann eine enge Beziehung zur Mutter ausgebildet werden.

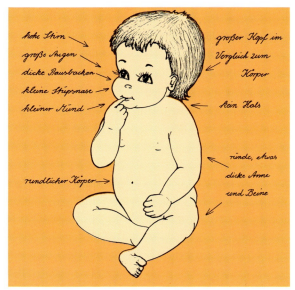

63.1. So zeichnet man ein „niedliches" Kind

hohe Stirn
große Augen
dicke Pausbacken
kleine Stupsnase
kleiner Mund
rundlicher Körper

großer Kopf im
Vergleich zum
Körper
kein Hals
runde, etwas
dicke Arme
und Beine

63.2. Ein Säugling wird gestillt

3. Verhaltensweisen des Menschen

3.1. Kinder brauchen eine Bezugsperson

Hast du schon einmal erlebt, wie Erwachsene und ältere Kinder reagieren, wenn sie in einen Kinderwagen schauen, um den Säugling zu betrachten? „Niedlich!", „Süß!", „Goldig!" sind die Ausrufe, die man fast immer hört. Warum reagieren fast alle Menschen so auf den Anblick eines kleinen Kindes?

Es ist das Aussehen der Säuglinge, das bei ihnen diese Reaktion auslöst. Kleine Kinder haben im Verhältnis zum Rumpf einen großen Kopf, eine hohe, gewölbte Stirn, eine kleine Stupsnase, große Augen und Pausbacken. Alle diese Merkmale zusammen werden als **Kindchenschema** bezeichnet. Das Aussehen der kleinen Kinder wirkt auf uns Menschen wie ein Schlüsselreiz: Selbst fremde Kinder lächelt und spricht man an, oft möchte man sie am liebsten auf den Arm nehmen und streicheln.

Säuglinge erscheinen auf den ersten Blick oft völlig hilflos. Doch schon in den ersten Lebenstagen kann man bei ihnen Verhaltensweisen beobachten, die sie nicht erst lernen müssen. Legt eine Mutter ihren Säugling zum Stillen an die Brust, so bewegt er sein Köpfchen hin und her, bis er durch diese *Suchbewegung* die Brustwarze gefunden hat. Berührt der Säugling diese mit den Lippen, beginnt er sofort mit dem *Saugen*. Diese Verhaltensweisen sind ihm **angeboren.**

Neugeborene schlafen in den ersten Lebenswochen sehr viel. Wenn sie Hunger verspüren, wachen sie auf und schreien. Doch nicht immer ist das *Weinen* ein Zeichen für Hunger. Es kann auch sein, daß das Neugeborene sich einsam fühlt, Schmerzen hat oder daß die Windel naß ist. Wissenschaftler bezeichnen daher das Weinen als *Kontaktsignal*. Säuglinge können so die Eltern zu sich rufen. Wenn diese dann ihr Kind auf den Arm nehmen und streicheln, wird es durch diesen **Körperkontakt** meistens beruhigt. Das Weinen ist den Säuglingen angeboren, denn auch bei Kindern, die von Geburt an taub und blind sind, kann man die Mimik des Weinens beobachten. Diese Kinder können ebenfalls wie andere *lächeln*. Wissenschaftler konnten durch Attrappenversuche beweisen, daß auch das Lächeln den Säuglingen angeboren ist. Es ist ebenfalls ein Signal, mit dem diese kleinen Kinder

64.1. Mutter mit Kind

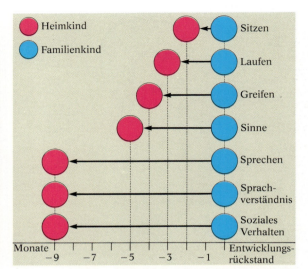

64.2. Entwicklungsrückstand eines 13 Monate alten Heimkindes gegenüber gleichaltrigen Familienkindern

Kontakt zu anderen Personen aufnehmen. Oft kann man beobachten, daß Kinder zu lächeln beginnen, sobald sie ein Gesicht über ihrem Kinderwagen sehen. Die Wirkung des Kindchenschemas auf die Erwachsenen wird so noch verstärkt. Die Mutter oder andere Personen, die das sehen, streicheln das Kind und sprechen mit ihm. Für die Kinder ist diese freundliche Zuwendung sehr wichtig. Zwischen der Mutter oder einer anderen **Bezugsperson** und dem Kind wird so eine lebenswichtige Bindung aufgebaut. Auf diese Weise entwickelt sich beim Kind das „Urvertrauen": Es weiß, daß es sich auf die Bezugsperson verlassen kann.

In vielen Krankenhäusern können heute die Mütter oder Väter im Zimmer ihrer kranken Kinder wohnen. Warum bietet man Eltern diese Möglichkeit?
Wissenschaftler haben festgestellt, daß eine längere Trennung von Kleinkindern und Eltern in den ersten Lebensmonaten schwerwiegende Folgen haben kann. Sie haben beobachtet, daß Kinder, die in Heimen aufwuchsen, in ihrer geistigen und körperlichen Entwicklung zurück-

blieben. Sie erkrankten auch häufiger und waren kontaktscheu. Heimkinder haben meist keine Möglichkeit, eine Bezugsperson zu finden. Sie können keine feste Beziehung zu den Betreuerinnen aufnehmen, da diese oft wechseln. Gerade diese feste Bezugsperson ist es aber, die für eine gesunde Entwicklung eines Kindes wichtig ist. Die feste Bindung zwischen ihr und dem Kind bildet sich im ersten Lebensjahr. Kommt es in dieser Zeit zu einer längeren Trennung, sind bleibende Schäden in der seelischen Entwicklung die Folge.

1. Welche Verhaltensweisen sind dem Säugling angeboren?

2. Welche Formen des Kleinkindes wirken beim Kindchenschema besonders auf den Betrachter?

3. Nenne Verhaltensweisen, die eine enge Beziehung zwischen Mutter und Kind aufbauen!

4. Welche Vorteile haben Kinder, die in einer Familie aufwachsen, gegenüber Heimkindern? Benutze die Abbildung 64.2.!

65.1. Streitende Kinder

65.2. Streitgespräch

3.2. Können wir Streit vermeiden?

Bestimmt hast auch du schon einmal Streitereien in der Schule miterlebt. Manchmal kämpfen Schüler miteinander, um festzustellen, wer der Stärkere ist. Es geht dann um die *Rangordnung* in der Klasse. Viel häufiger sieht man jedoch, daß sich Schüler um einen bestimmten Sitzplatz streiten oder die Spielecke auf dem Schulhof gegen andere Kinder verteidigen. Der Biologe nennt das *Revierverhalten*. Bei diesen Streitereien schreien sich die Schüler an, kratzen, schlagen oder treten sich. Man nennt das **Aggressionsverhalten.** Ist aggressives Verhalten uns Menschen angeboren oder lernen wir es erst durch Nachahmung? Treten aggressive Handlungen vermehrt auf, wenn man ständig überfordert ist und immer nur Mißerfolge hat? Verhaltensforscher und Psychologen haben versucht, diese Fragen zu beantworten. Die meisten Wissenschaftler glauben heute, daß die Bereitschaft zu aggressivem Verhalten jedem Menschen angeboren ist. Sie haben jedoch festgestellt, daß Kinder, die ohne Liebe aufgewachsen sind oder ständig Mißerfolge haben, eher zu

Streitereien neigen als andere. Ebenso können bestimmte Situationen einen Streit auslösen: Wenn deine Mitschüler dir einen Streich gespielt und dann über dich gelacht haben oder wenn deine Eltern dir einen Wunsch nicht erfüllen wollten, bist auch du sicherlich schon einmal plötzlich wütend geworden.

Angeborenes und erworbenes Verhalten sind eng miteinander verknüpft. Da kein Mensch aggressionsfrei ist, kann Streit sicherlich nicht vermieden werden. Auch „friedliche" Kinder streiten sich; sie tun das mit Worten. Sie haben gelernt, daß man auf körperliche Gewalt verzichten kann, wenn man einen Konflikt lösen will.

Oft können wir Menschen auch durch bestimmte Signale einer aggressiven Handlung entgegenwirken: Durch Lächeln, Verbeugen oder durch Handreichen können wir bestehende Spannungen lösen und Aggressionen abbauen.

1. Schildere Situationen, in denen Streitereien auf dem Schulhof entstehen. Zeige durch Rollenspiele, wie solche Konflikte mit Worten gelöst werden können!

66.1. Imponierverhalten

66.2. Sprechchor

3.3. Menschliches Verhalten kann beeinflußt werden

Wenn Peter morgens mit dem Moped zur Schule kommt, zeigt er, was er kann: Mit einem gewagten Manöver kommt er, nur auf dem Hinterrad fahrend, durch die Toreinfahrt. „Echt super", schwärmen einige Mädchen. Peter ist es wieder einmal gelungen, seinen Mitschülerinnen zu imponieren. Dieses *Imponierverhalten* können wir auch bei Erwachsenen beobachten. Viele kaufen sich teure Autos und ausgefallene Kleidung, um von den Mitmenschen bewundert zu werden. Die Werbung nutzt dieses dem Menschen eigene Imponierverhalten aus. So kann ein Waschmittel der Hausfrau helfen, mit ‚noch viel weißerer Wäsche' zu imponieren.

Viele Menschen sind stolz, wenn sie eine *hohe Rangstellung* haben. Bei Schützenvereinen oder beim Militär kann man diese an den Uniformen sofort erkennen. Doch nur wenige Menschen tragen die Rangabzeichen sichtbar an der Kleidung. Als Ersatz können zum Beispiel teure Automarken dienen, mit denen man seinen Platz in der Rangordnung zeigt.

In unserer Gesellschaft erreichen jedoch nur wenige eine hohe Rangstellung. Die Werbung nutzt dieses Streben der Menschen nach einem gehobenen Lebensstil aus. Für viele Produkte wird mit der ‚Exklusivität' geworben. Man redet den Käufern ein, daß auch sie einen hohen Rang erreichen, wenn sie sich diesen Artikel leisten können.

Nicht allein mit „Exklusivität", auch mit kleinen Kindern wird geworben. Oft findet man daher in Werbeanzeigen kleine Kinder. Die durch das *Kindchenschema* entstehende positive Einstellung kann so helfen, das Kaufinteresse für ein bestimmtes Produkt zu wecken.

Ebenso häufig findet man in der Werbung junge, hübsche Frauen oder sportliche Männer mit breiten Schultern und schmalen Hüften. Die typischen Merkmale werden *Mann-* und *Frauschema* genannt. Oft werden die Merkmale sogar in den Anzeigen überbetont. Durch diese Werbung versprechen sich die Fachleute ebenfalls eine verkaufsfördernde Wirkung.

Wohl jedem ist bekannt, daß Rauchen und Alkoholgenuß gesundheitsschädlich sind. Wie können aber dann für solche Produkte Käufer

67.1. Werbeanzeigen

gefunden werden? Die Werbung schafft auch das. In den Anzeigen der Zigarettenmarken findet man fast immer jugendliche, sportliche Menschen, die mit der Zigarette im Mund ihr Leben problemlos meistern. Dem Käufer wird so eingeredet, daß er zusammen mit dem Produkt individuelles Glück, Freizeit, Abenteuer, Entspannung oder gesellschaftliche Anerkennung erwirbt.

Viele Jugendliche werden jedoch durch diese Art der Werbung nicht beeinflußt. ‚Höherer Lebensstil' und ‚individuelles Glück' sind Schlagworte, die sie noch nicht hören wollen. Um in ihrer Freundesgruppe zu bestehen, reichen fast immer Jeans und Parka. Wie sieht dann die Werbung aus, die den Jugendlichen anspricht? Junge Menschen identifizieren sich schnell mit *Vorbildern*. Das können Sportler oder Schlagersänger sein. Wenn diese für ein Produkt werben, glauben viele kritiklos, was ihr Idol über den Artikel aussagt.

Wenn religiöse oder politische Fanatiker zu Vorbildern werden und große Menschenmassen begeistern, kann es gefährlich werden. Der Einzelne, der an einer solchen Veranstaltung teilnimmt, wird meistens schnell durch Sprechchöre der Anhänger gleichgeschaltet. Das kannst auch du bei Sportwettkämpfen beobachten: Selbst unbeteiligte Zuschauer klatschen schon nach kurzer Zeit rhythmisch mit und unterstützen so eine Mannschaft.

Du kannst an diesen Beispielen sehen, daß menschliches Verhalten beeinflußt werden kann. Tiere werben mit Signalen. Sie reagieren darauf nach angeborenen Verhaltensweisen. Wenn Werbefachleute bestimmte Signale verwenden, damit Käufer ein gewünschtes Verhalten zeigen, müssen wir nicht reagieren, wenn wir nicht wollen. Im Gegensatz zu den Tieren können wir Menschen mit Hilfe unseres Verstandes diese Signale bewußt mißachten.

1. Sammle Werbeanzeigen und ordne sie (Kindchenschema, Mannschema, Frauschema, Vorbilder, …)!

2. Welche Signalwirkung haben Worte wie Abenteuer, Freizeit, Luxus, … in Werbeanzeigen?

Grundlagen des Erbgeschehens

68.1. Familienähnlichkeit

1. Warum sehen Kinder ihren Eltern ähnlich?

Aus einem Biologiebuch (1889):

Man findet es allgemein ganz natürlich und selbstverständlich, daß jeder Organismus seines Gleichen erzeugt, und daß die Kinder den Eltern im Ganzen wie im Einzelnen ähnlich sind.
Jedes Individuum nimmt von beiden Eltern Eigenthümlichkeiten an, sowohl vom Vater als von der Mutter. Diese Tatsache, daß von jedem der beiden Geschlechter persönliche Eigenschaften auf alle, sowohl männliche als weibliche Kinder übergehen, ist sehr wichtig. Goethe drückt sie von sich selbst in dem hübschen Verse aus:
„Vom Vater hab' ich die Statur, des Lebens ernstes Führen,
Vom Mütterchen die Frohnatur, die Lust zu fabuliren."

1. Was wußte man vor hundert Jahren schon über Vererbung?

2. Was weißt du über Vererbung? Berichte auch über Ähnlichkeiten in deiner Verwandtschaft!

Christian und Oliver sind Brüder. Oliver ist ein Jahr jünger als sein Bruder. Die Leute sagen immer, sie sähen sich sehr ähnlich.
Aber nicht nur zwischen Oliver und Christian gibt es Ähnlichkeiten, sondern auch zwischen ihnen und ihren Eltern. Was ist die Ursache für solche Ähnlichkeiten?

Man sagt: Kinder haben körperliche und geistige Eigenschaften geerbt. Was aber meint man mit diesem Wort „geerbt"? Für die **Vererbung** von Eigenschaften haben die Menschen schon immer nach Erklärungen gesucht. In den vergangenen hundert Jahren haben Forscher die Gesetzmäßigkeiten der Vererbung untersucht und Antworten auf viele Fragen gefunden.
Heute lesen wir Schlagzeilen wie: „Junge oder Mädchen nach Wunsch!" – Können Wissenschaftler das Erbgut verändern?" – „Lebewesen aus der Retorte!"

Um zu verstehen, worum es hierbei geht, mußt du dich mit Fragen der Vererbung beschäftigen. Dabei wirst du erfahren, daß die Vererbung nach bestimmten *Gesetzmäßigkeiten* abläuft.

69.1. Zungenrolltest

69.2. Schmecktest

2. Was sind „Roller", was sind „Schmecker"?

Dem Banknachbarn die Zunge herauszustrekken, gehört normalerweise zu den schlechten Manieren. Für uns soll es einmal dazu dienen, persönliche Merkmale herauszufinden. Wir stellen nämlich fest, daß einige Mitschüler nicht in der Lage sind, ihre Zunge mit den seitlichen Rändern nach oben zu rollen, so sehr sie sich auch bemühen. Versucht es doch einmal! Einige schaffen es nicht: Sie sind „Nicht-Roller". Die Schüler, die es können, nennen wir „Roller".

„Geschmäcker sind verschieden" heißt eine Redensart. Daß dies tatsächlich so ist, läßt sich leicht nachprüfen. Man braucht dazu kleine Papierblättchen, die mit einem bestimmten chemischen Stoff getränkt wurden. Legen alle Schüler einer Klasse je eines dieser Papierstückchen hinten auf die Zunge, kann man folgendes beobachten: Einige Schüler werden das Papierblättchen schnellstens wieder aus dem Mund nehmen. Für sie hat es einen bitteren Geschmack. Wir bezeichnen sie als „Schmecker". Die anderen schmecken nichts, sie sind „Nicht-Schmecker". – Roller oder Nicht-Roller, Schmecker oder Nicht-Schmecker zu sein, ist erblich.

1. Überprüfe deine Schmeckfähigkeit mit Hilfe von Schmecktest-Papierchen.
Lege eines der Schmecktest-Papierchen hinten auf die Zunge. Schließe den Mund und drücke die Zunge gegen den Gaumen. Nimm das Blättchen sofort wieder aus dem Mund und spüle mit Wasser aus. Bist du „Schmecker" oder „Nicht-Schmecker"?

Für den PTH-Test kann dein Lehrer Schmecktest-Papierchen herstellen:
0,2 g Phenylthioharnstoff (PTH) in 100 ml reinem Alkohol lösen. Filterpapier oder weißes Löschpapier tränken und trocknen lassen. Das Papier in etwa 1 cm² große Blättchen schneiden.

2. Gibt es mehr Schmecker als Nicht-Schmecker und mehr Roller als Nicht-Roller?
Stellt in der Klasse fest, wieviele „Roller" und „Nicht-Schmecker" es gibt!

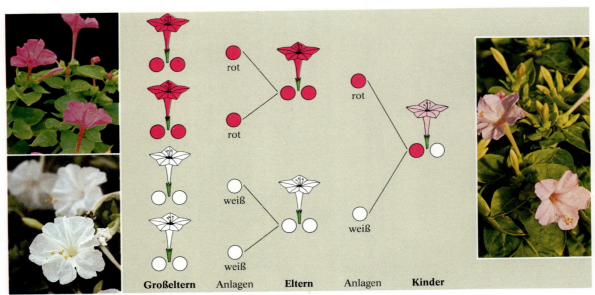

70.1. Vererbung der Blütenfarbe bei der Wunderblume

3. Regeln der Vererbung

3.1. Rot und weiß gibt rosa oder rot

Die Zunge rollen zu können oder nicht, ist erblich. Diese Eigenschaft ist allerdings schlecht geeignet, Vererbungsregeln zu finden. Man kann mit dem Menschen nämlich nicht einfach Vererbungsversuche anstellen wie mit Pflanzen oder Tieren.

Schon vor über 100 Jahren hat der Augustinermönch GREGOR MENDEL als erster **Vererbungsversuche** mit Erbsen angestellt. Inzwischen hat man mit vielen anderen Pflanzen Vererbungsversuche vorgenommen. Als besonders brauchbar hat sich die *Wunderblume* erwiesen. Dies ist eine Pflanze aus Mexiko, die ihre Blüten nachts öffnet. Wegen dieser verwunderlichen Eigenschaft hat man ihr den Namen Wunderblume gegeben. Wunderblumen blühen in verschiedenen Farben. Für Vererbungsversuche wählt man meist rot- und weißblühende Pflanzen aus. Man kann an ihnen untersuchen, wie sich die Blütenfarbe vererbt.

Will man Nachkommen zum Beispiel von einer rotblühenden und einer weißblühenden Pflanze erhalten, so überträgt man Blütenstaub der einen Blüte auf die Narbe der anderen. In den Pollenkörnern der einen Pflanze und in der Eizelle der anderen Pflanze sind die **Erbanlagen** für alle Eigenschaften dieser Pflanzenart enthalten. Bei der Bestäubung wird natürlich auch die Erbanlage für das Merkmal Blütenfarbe übertragen. Hat die Elternpflanze weiße Blüten, gibt sie die Anlage für weiß weiter. Hat die Elternpflanze rote Blüten, gibt sie die Anlage für rot weiter. Ein solches Zusammenbringen verschiedener Erbanlagen nennt man **Kreuzung.** Die Nachkommen aus einer solchen Kreuzung, die „Kinder", haben also für ein Merkmal immer zwei Erbanlagen. In unserem Fall haben sie für das Merkmal Blütenfarbe eine Anlage für weiß und eine Anlage für rot.

Auch die Eltern besitzen zwei Erbanlagen für das Merkmal Blütenfarbe, denn auch sie haben von den Großeltern je eine Erbanlage mitbekommen. Hat eine Pflanze zwei gleiche Erbanlagen für ein bestimmtes Merkmal, zum Beispiel für die Blütenfarbe zweimal die Anlage weiß, nennen wir sie **reinerbig.** Trägt sie jedoch je eine Anlage für weiß und für rot, so nennen wir sie **mischerbig.**

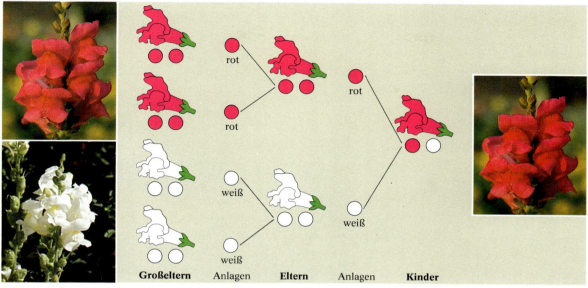

Großeltern Anlagen **Eltern** Anlagen **Kinder**

71.1. Vererbung der Blütenfarbe beim Löwenmäulchen

Kreuzt man reinerbige Eltern mit der Blütenfarbe weiß untereinander, so haben ihre Nachkommen wieder weiße Blüten. Reinerbige Pflanzen mit roten Blüten haben nur rotblühende Nachkommen. Welche Blütenfarben haben aber die Nachkommen einer rot- und einer weißblühenden Elternpflanze?

Zieht man aus Samen einer solchen Kreuzung Pflanzen, so haben diese eine neue Blütenfarbe. Sie blühen rosa. Ihre Blütenfarbe nimmt eine Mittelstellung zwischen den Blütenfarben der Eltern ein. Diese Art der Vererbung nennt man deshalb **zwischenelterlich** oder *intermediär*.

Auch mit dem *Löwenmäulchen* hat man Vererbungsversuche zur Blütenfarbe durchgeführt. Reinerbige weißblühende Pflanzen wurden mit reinerbigen rotblühenden gekreuzt. Das Ergebnis war eine Überraschung: Alle Nachkommen blühten rot. Wie ist das zu erklären? Warum haben die Nachkommen nicht rosa Blüten wie bei der Wunderblume? Sie haben doch je eine Erbanlage für rot und weiß! Beim Löwenmäulchen überdeckt offenbar die Erbanlage für die rote Blütenfarbe diejenige für die weiße Blütenfarbe. Die Erbanlage für rot ist *überdeckend* oder **dominant;** die Anlage weiß dagegen *tritt zurück,* sie ist **rezessiv.**

Vergleichen wir einmal beide Versuche: Kreuzungen aus rot- und weißblühenden Wunderblumen ergeben nur rosablühende Nachkommen. Kreuzungen aus rotblühenden und weißblühenden Löwenmäulchen ergeben nur rotblühende Nachkommen. Bei beiden Kreuzungen haben die Nachkommen der Eltern jeweils die gleiche Blütenfarbe: bei der Wunderblume rosa, beim Löwenmäulchen rot. Kreuzt man also zwei reinerbige Pflanzen, die sich nur in der Blütenfarbe unterscheiden, so haben alle direkten Nachkommen gleiche Blütenfarbe.

Die Einförmigkeit bei der Ausbildung der Blütenfarbe erkannte schon GREGOR MENDEL. Diese Gesetzmäßigkeit gilt auch für andere Merkmale. Zu Ehren MENDELS nennt man sie **1. Mendelsche Regel.** Sie lautet: Kreuzt man zwei reinerbige Lebewesen einer Art miteinander, die sich in einem Merkmal unterscheiden, so sehen alle Einzelwesen der 1. Nachkommengeneration einförmig aus *(Einförmigkeitsregel).*

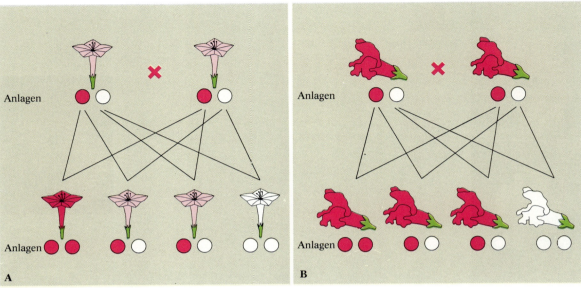

72.1. Aufspaltung der Merkmale. *A Wunderblume; B Löwenmäulchen*

3.2. Was geschieht, wenn Mischlinge gekreuzt werden?

Bei den Kreuzungen, die du bisher kennengelernt hast, wurden reinerbige weiß- und rotblühende Pflanzen miteinander gekreuzt. Bei der Wunderblume hatten die Mischlinge rosa Blüten, beim Löwenmäulchen hatten die Mischlinge rote Blüten.

Bei der Wunderblume ist es leicht, die Mischlinge zu erkennen. Sie unterscheiden sich in der Blütenfarbe von beiden Eltern. Beim rotblühenden Löwenmäulchen dagegen kannst du nicht sogleich erkennen, ob es sich um eine reinerbige Pflanze oder um einen Mischling handelt. Man kann also nicht immer am **Erscheinungsbild** erkennen, ob eine Pflanze reinerbig oder mischerbig ist. Kreuzungsversuche jedoch helfen weiter.

Kreuzt du die rosablühenden *Wunderblumen* miteinander, so erhältst du Nachkommen mit drei unterschiedlichen Blütenfarben: Ein Viertel davon blüht weiß, zwei Viertel blühen rosa, und ein Viertel blüht rot. Es findet also eine Auf-

spaltung im Verhältnis 1:2:1 statt. Bei einer Kreuzung der rosa blühenden Mischlinge kommen also die ursprünglichen Blütenfarben weiß und rot wieder zum Vorschein.

Bei der Kreuzung der rotblühenden Mischlinge des *Löwenmäulchens* erhältst du ein anderes Ergebnis. Drei Viertel der Nachkommen blühen rot, ein Viertel blüht weiß. Es findet also eine Aufspaltung im Verhältnis 3:1 statt. Auch hier kommt die ursprüngliche Blütenfarbe weiß wieder zum Vorschein.

Aus diesen Kreuzungsversuchen ergibt sich die **2. Mendelsche Regel:** Kreuzt man Mischlinge untereinander, so spalten die Nachkommen in einem bestimmten Zahlenverhältnis auf *(Spaltungsgesetz).*

Am Zahlenverhältnis der Nachkommen kannst du also Mischlinge und reinerbige Pflanzen unterscheiden. Kreuzt man nämlich Mischlinge untereinander, haben ihre Nachkommen im Gegensatz zu reinerbigen Pflanzen kein einheitliches Erscheinungsbild.

Mendelsche Regeln gelten auch für Tiere

73.1. Vererbung der Gefiederfarbe bei Hühnern. Blaue Andalusier sind Hühner mit schwarzweiß gesprenkeltem Gefieder. Sie sind Nachkommen aus einer Kreuzung zwischen einem weißen Hahn und einer schwarzen Henne oder einer weißen Henne und einem schwarzen Hahn. Kreuzt man blaue Andalusier untereinander, so entstehen neben gesprenkelten Tieren auch solche, die in der Gefiederfarbe ihren Großeltern gleichen.

73.2. Vererbung der Fellfarbe bei Meerschweinchen. Bei einer Kreuzung von schwarzen und weißen Meerschweinchen erhält man nur schwarze Nachkommen. Kreuzt man diese Tiere untereinander, so treten neben schwarzen Meerschweinchen auch wieder weiße Tiere auf. Bei diesen Kreuzungen ist es ohne Bedeutung, ob man ein weißes Männchen mit einem schwarzen Weibchen oder ein weißes Weibchen mit einem schwarzen Männchen kreuzt.

blau glatt ✗ gelb runzlig   blau glatt ✗ blau glatt

blau glatt

blau runzlig

gelb glatt

gelb runzlig

reinerbige Eltern   **→ mischerbige Kinder**   **→ reinerbige und mischerbige Enkel**

74.1. Vererbung von Körnerfarbe und Körnerform beim Mais

3.3. Wie Pflanzen und Tiere mit neuen Eigenschaften gezüchtet werden

Mais ist eine wichtige Futterpflanze. Sie bringt auch bei uns gute Erträge. Jedes der gelben Maiskörner enthält einen Samen, aus dem eine neue Pflanze hervorgeht. Im Sommer und Herbst bildet jede Pflanze wieder Maiskolben mit vielen Maiskörnern. Dieser Futtermais ist erst durch langwierige Züchtung so ertragreich geworden.

Wie eine solche Züchtung vor sich geht, kann man besser am **Ziermais** zeigen. Bei ihm kommen neben den *gelben* auch *blaue* Körner und neben den *glatten* auch *runzelige* Körner vor. Beide Merkmale – Körnerfarbe und Körnerform – sind erblich.
Kreuzt man eine *reinerbige Maissorte,* die blaue, glatte Körner hat, mit einer reinerbigen Maissorte, die gelbe, runzelige Körner hat, so sind alle Maiskörner der 1. Nachkommengeneration blau und glatt. Blaue Körnerfarbe und glatte Körnerform überdecken also gelb und runzelig. Die Körnerfarbe blau ist dominant über gelb, die Körnerform glatt dominant über runzelig. Die Vererbung dieser Merkmale erfolgt also nach dem dominant-rezessiven Erbgang.
Zieht man aus den glatten, blauen Körnern der 1. Nachkommengeneration Pflanzen und kreuzt sie untereinander, treten in der 2. Nachkommengeneration vier verschiedene Körnersorten auf: blau-glatt, blau-runzelig, gelb-glatt und gelb-runzelig.
Zählst du die Körner an einem solchen Kolben aus, so kommst du bei den genannten Merkmalspaaren auf das Zahlenverhältnis 9:3:3:1.
Betrachtest du die Körner der 2. Nachkommengeneration, stellst du „Neuzüchtungen" fest: Blaue, runzelige und gelbe, glatte Körner gab es bisher noch nicht. Diese Merkmale sind also neu miteinander vereinigt worden.
Durch eine solche Neukombination von Erbanlagen bei Kreuzungen entstehen also neue Sorten. Dies wird durch die **3. Mendelsche Regel** wiedergegeben:
Erbanlagen können unabhängig voneinander vererbt und dabei neu kombiniert werden *(Unabhängigkeitsregel).*

Wie Tierzüchter Meerschweinchen mit neuen Eigenschaften züchten

Auch Tierzüchter erhalten neue Tierrassen, wenn sie planmäßig Kreuzungen durchführen. So hat der Mensch Haustiere wie Hunde, Rinder, Hühner und Schweine durch Züchtung verändert und eine Vielzahl von Anlagen neu kombiniert. Dadurch sind Tiere mit neuen Eigenschaften entstanden.

Auch Meerschweinchen gibt es in vielen Zuchtformen. In unserem Beispiel wurden Meerschweinchen mit den Merkmalspaaren weiß-glatthaarig und schwarz-rauhhaarig gekreuzt.

Die 1. Nachkommengeneration ist, wie nach der 1. Mendelschen Regel zu erwarten, schwarz rauhhaarig. Das Merkmal Fellfarbe schwarz ist näm-

lich dominant über weiß, und das Merkmal Fellbeschaffenheit rauh ist dominant über glatt.

Welche Erbbilder und welche Erscheinungsbilder bei der Kreuzung dieser Mischlinge auftreten, läßt sich in einem *Kombinationsquadrat* übersichtlich darstellen.

1. Wieviele verschiedene Erscheinungsbilder treten auf?

2. In welchem Zahlenverhältnis kommen sie vor?

3. Welche Neuzüchtungen treten auf?

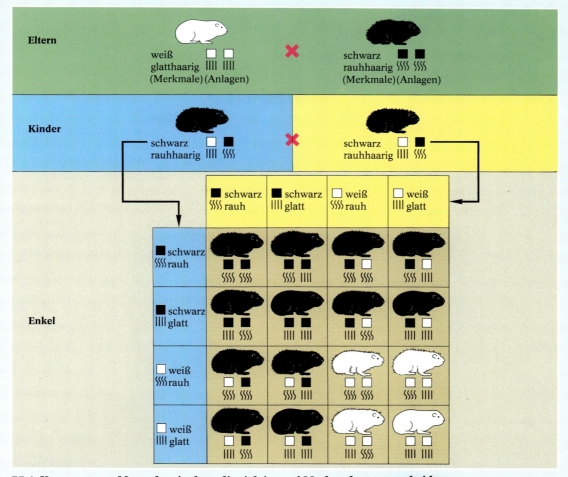

75.1. Kreuzung von Meerschweinchen, die sich in zwei Merkmalen unterscheiden

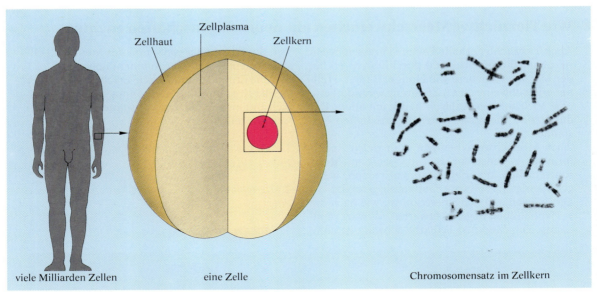

Zellplasma

Zellhaut

Zellkern

viele Milliarden Zellen   eine Zelle   Chromosomensatz im Zellkern

76.1. Chromosomensatz einer menschlichen Körperzelle

4. Chromosomen – Träger der Erbanlagen

4.1. Wo findet man die Erbanlagen?

Wenn Kinder Eigenschaften ihrer Eltern geerbt haben, liegt es daran, daß Erbanlagen von einer Generation zur anderen weitergegeben werden. Wo findet man die Erbanlagen und wie sehen sie aus?

Forscher haben herausgefunden, daß die Erbanlagen in allen Zellen liegen, genauer gesagt im Kern der Zellen. Färbt man die Zellen mit einem geeigneten Farbstoff und mikroskopiert sie, so erkennt man im **Zellkern** ein fädiges Netzwerk. Bevor sich Zellen teilen, verkürzen und verdicken sich diese Fäden im Kern. Es entstehen die gut erkennbaren **Chromosomen.**

Chromosomen sind im Zustand der Zellteilung so gut sichtbar, daß man sogar ihre Anzahl feststellen kann. Du kannst erkennen, daß sie nicht alle gleich aussehen. Ein Fachmann stellt darüber hinaus fest, daß von jedem der Chromosomen zwei gleiche vorhanden sind. Alle Chromosomen einer Zelle zusammen bezeichnet man als den **Chromosomensatz.**

Die Körperzellen eines Lebewesens haben immer die gleiche Anzahl von Chromosomen. Zählt man auf mikroskopischen Bildern von Körperzellen verschiedener Lebewesen die Chromosomen, so ergibt sich, daß jedes Lebewesen eine artgemäße Zahl von Chromosomen besitzt. Pferde haben in jeder Körperzelle 46, Karpfen 104 Chromosomen. Der Mais hat 26 und die Sonnenblume 34 Chromosomen.

Aus Erbversuchen weiß man, daß in den Chromosomen die Erbanlagen liegen. Man bezeichnet die Erbanlagen auch als **Gene.** Auf jedem Chromosom haben die Wissenschaftler eine Vielzahl solcher Gene gefunden. Die Gene aller Chromosomen zusammen bilden das **Erbgut** eines Lebewesens.

1. Zähle die Chromosomen in Abbildung 76.1.! Du weißt damit, wieviel Chromosomen du in jeder deiner Körperzellen hast.

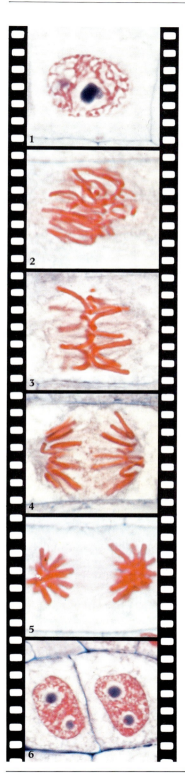

Wie sich Zellen teilen

Unser Körper besteht aus vielen Milliarden Zellen, die alle aus einer Eizelle durch fortgesetzte Teilungen hervorgegangen sind.

Jede Zelle enthält immer die gleiche Anzahl von Chromosomen. Wie ist das möglich?

An mikroskopischen Bildern von Pflanzenzellen, die sich teilen, kann man dies genauer erkennen.

1. Zu Beginn einer Zellteilung ist der Zellkern noch deutlich vom Zellplasma abgegrenzt. Die Fäden des Netzwerkes verkürzen und verdicken sich.

2. Die Fäden haben sich weiter verkürzt, die Form der Chromosomen ist deutlich zu erkennen. Die Kernhülle löst sich auf. Mit sehr guten Mikroskopen sieht man auch, daß jedes Chromosom in Wirklichkeit bereits aus zwei noch zusammenhängenden Chromosomen besteht. Alle Chromosomen haben sich damit zu diesem Zeitpunkt schon verdoppelt.

3. Die Chromosomen wandern zur Mitte der Zelle, wo sie sich wie auf einem Teller in einer Ebene anordnen. Jedes Chromosom hängt an Fasern, die von den beiden Polen der Zelle ausgehen.

4. Durch Verkürzung der Fasern werden die bisher noch zusammenhängenden Chromosomen getrennt und zu den Zellpolen hin auseinandergezogen.

5. Sie rücken dort dicht zusammen. Danach bildet sich zwischen den Gruppen von Chromosomen eine Zellwand.

6. Aus den Chromosomen entsteht wieder das fädige Netzwerk. Jeder neue Zellkern ist bereits von einer Kernhülle umgeben. Jede der beiden Tochterzellen enthält den gleichen Chromosomensatz wie die Ursprungszelle. Jede Tochterzelle wächst wieder zur Größe der Mutterzelle heran. Der Vorgang der Zellteilung kann von neuem beginnen.

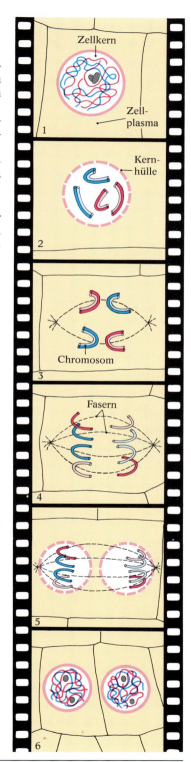

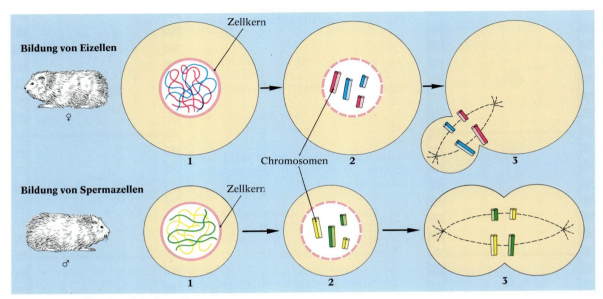

78.1. Bildung der Geschlechtszellen

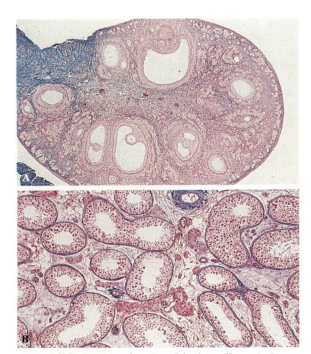

78.2. Bildungsorte der Geschlechtszellen. A Querschnitt durch den Eierstock; B Querschnitt durch den Hoden

4.2. Geschlechtszellen – wie werden sie gebildet?

Wenn Zellen sich teilen, bleibt die Anzahl der Chromosomen gleich. Eine menschliche Körperzelle mit 46 Chromosomen zum Beispiel teilt sich beim Körperwachstum in zwei Zellen mit jeweils 46 Chromosomen. Während wir wachsen, läuft dieser Vorgang viele Milliarden Mal in jedem von uns ab. Man weiß auch, daß in jedem solchen doppelten Chromosomensatz je zwei Chromosomen gleiche Gestalt haben. Der Mensch hat also 23 **Chromosomenpaare.** Auch Eltern und Kinder haben die gleiche Anzahl von Chromosomen in ihren Körperzellen.

Die **Geschlechtszellen** werden in besonderen Organen gebildet. In den *Eierstöcken* reifen die **Eizellen** heran, in den *Hoden* die **Spermazellen.** Da die Geschlechtszellen das einzige sind, was von einer Generation zur nächsten weitergegeben wird, müssen darin auch die Erbanlagen der Eltern enthalten sein. Jeder Elternteil gibt nämlich seine Erbanlagen an die Nachkommen weiter. Da aber Eltern und Kinder in ihren Zellen die gleiche Anzahl von Chro-

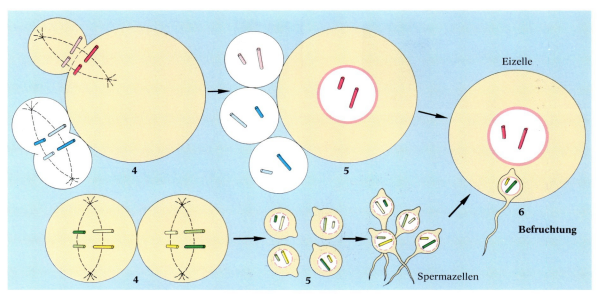

79.1. Bildung der Geschlechtszellen und Befruchtung

mosomen aufweisen, muß bei der Bildung der Geschlechtszellen der doppelte Chromosomensatz zum **einfachen Chromosomensatz** halbiert worden sein.

Welche Vorgänge laufen ab, wenn ein doppelter Chromosomensatz einer Körperzelle zum einfachen Chromosomensatz einer Keimzelle wird? Keinesfalls darf bei diesem Vorgang Erbgut verlorengehen. Es gelangt deshalb immer jeweils eines der beiden gleich aussehenden Chromosomen eines Chromosomenpaares in eine Geschlechtszelle.

In einer Hodenzelle liegen die Chromosomen zuerst als feine Fäden im Zellkern vor (1). Werden Spermazellen gebildet, verdicken und verkürzen sie sich wie bei einer normalen Zellteilung (2). Jedes Chromosom besteht ebenfalls bereits aus zwei eng zusammenhängenden Chromosomen. Alle Chromosomen ordnen sich auch hier zu einer Platte inmitten des Zellkerns an. Sie liegen dort so, daß Chromosomen mit gleicher Form als Paare zusammenliegen. Fasern von den Zellpolen heften sich nun an die Chromosomen an und transportieren je ein Chromosom eines Paares zu den Polen (3).

Jedes Chromosomenpaar wird also getrennt, so daß die neugebildeten Zellen nur noch die Hälfte der ursprünglichen Chromosomenanzahl, einen *einfachen Chromosomensatz*, enthalten. Unmittelbar danach folgt eine weitere Teilung, die wie eine gewöhnliche Zellteilung verläuft (4). Hierbei werden die bisher zusammenhängenden Chromosomen getrennt. Die Chromosomenanzahl verändert sich nicht. Nur die Anzahl der Zellen wird verdoppelt. Aus einer Zelle mit doppeltem Chromosomensatz entstehen insgesamt vier Zellen mit einfachem Chromosomensatz (5).

In gleicher Weise werden die Eizellen gebildet. Auch hier wird der doppelte Chromosomensatz zum einfachen Chromosomensatz halbiert. Im Unterschied zu den Spermazellen wird hier aber das Zellplasma ungleichmäßig auf die entstehenden Zellen verteilt. Es bleibt am Ende nur eine plasmareiche Eizelle übrig, die drei plasmaarmen, kleinen Zellen sterben ab.

Bei der Befruchtung (6) entsteht dann aus den beiden einfachen Chromosomensätzen der Keimzellen wieder der doppelte Chromosomensatz der Körperzellen.

80.1. Modifikationen bei Pflanze und Tier. *A Löwenzahn; B Karpfen (beide Tiere 1 Jahr alt)*

Warum Herr Sebold auch in Afrika nicht zum Neger wird

Herr Sebold ist ein Sonnenanbeter. Jede freie Minute liegt er in der Sonne und im Sommer sieht er aus wie ein Neger. Aber schon im Herbst beginnt die braune Farbe zu verschwinden. Dann beneidet er den afrikanischen Studenten aus der Nachbarschaft, der das ganze Jahr über so schön braun ist, ohne sich je in die Sonne zu legen. Vergangenes Jahr war Herr Sebold sogar in Afrika in Urlaub und kam braungebrannt zurück. Aber auch diese Bräune hielt nicht lange.

Die Haut bildet Farbstoffe und schützt sich damit gegen das Sonnenlicht. Diese Bräunung ist aber von der Sonnenbestrahlung abhängig. Fehlt dieser Einfluß, verschwindet die Farbe wieder. Sie ist auch nicht erblich. Kinder sonnengebräunter Eltern sind blaß wie wir alle im Winter. Wir nennen solche Veränderungen im Erscheinungsbild, für die Umwelteinflüsse verantwortlich sind und die nicht vererbt werden, **Modifikationen.**

4.3. Veränderungen im Erscheinungsbild können verschiedene Ursachen haben

Jeder hat schon beobachtet, daß eine Löwenzahnpflanze auf sandigem, trockenem Boden anders aussieht als der Löwenzahn auf einer gut gedüngten Wiese mit ausreichender Feuchtigkeit. Während die eine Pflanze kleine Blätter, einen kurzen Blütenstiel und kleine Blüten hat, wächst die andere zu einer kräftigen, saftigen Pflanze heran. Diese Änderung im Erscheinungsbild ist nicht erblich. Man nennt dies eine **Modifikation.** Um zu zeigen, daß solche Modifikationen nicht erblich sind, muß man erbgleiche Einzelwesen untersuchen.

Beim Löwenzahn ist das leicht: Man teilt die Pflanze in zwei Hälften und pflanzt sie an ganz verschiedenartigen Standorten ein. Die Löwenzahnpflanze geht nicht zugrunde, sondern wächst in beiden Fällen weiter. Jede Pflanzenhälfte vervollständigt sich wieder zu einer ganzen Pflanze. Auch hier bleibt der Löwenzahn auf sandigem Boden klein und unscheinbar, wogegen sich die Pflanze in gutem Boden kräftig entwickelt.

81.1. Mutationen bei Pflanze und Tier. A Blutform der Buche; B Albino-Kaninchen

Umwelteinflüsse wie Ernährung, Feuchtigkeit, Temperatur und Licht bringen bei Lebewesen verschiedene Erscheinungsbilder hervor. Diese Umwelteinflüsse führen aber nicht zu einer Änderung des Erbgutes. Vererbt wird nur die Fähigkeit, sich anzupassen. Manche Lebewesen können sich gut anpassen, manche weniger. Diese Anpassungsfähigkeit ist also nicht unbegrenzt. Ein Kaktus zum Beispiel kann bei uns im Winter im Freien nicht überleben.

Pflanzen- und Tierzüchter wissen jedoch, daß bei der Nachkommenschaft ihrer Zöglinge gelegentlich Einzelwesen mit auffälligen Abweichungen vorkommen. Solche Abweichungen treten immer plötzlich und zufällig auf. Sie werden auch auf die Nachkommen der betreffenden Einzelwesen vererbt, sie sind also erblich. Man nennt solche erblichen Veränderungen **Mutationen.**
Das Ergebnis von Mutationen im Pflanzenreich sind zum Beispiel die *Blutformen* von Ahorn, Hasel und Buche. Das sind Pflanzen mit kräftig roten Blättern. Auch die *Trauerformen* von Buche und Weide mit ihren weit herunterhän-genden Ästen sind erbliche Abänderungen der Normalform.
Im Tierreich kennt man ebenfalls viele Mutationen. Besonders auffällig sind Kaninchen oder Mäuse mit weißem Fell und roten Augen. Man nennt sie *Albinos.*
Man weiß heute, daß solche Mutationen die Folge von Veränderungen in den Chromosomen sind. Schon geringste Abweichungen im Bau dieser Erbträger führen zu dauerhaften Veränderungen im Erscheinungsbild. Wissenschaftler haben herausgefunden, daß zum Beispiel radioaktive Strahlung, Röntgenstrahlung und viele Chemikalien Auslöser für solche Mutationen sein können.

1. Sammle aus Gartenkatalogen oder Pflanzenbüchern Beispiele für Mutationen und stelle sie den Normalformen gegenüber. Beschreibe die Veränderungen!

82.1. Drei Generationen einer Familie. *A Familienfoto; B Familienstammbaum. Die anwesenden Personen sind farbig gekennzeichnet.*

5. Erbgesetzmäßigkeiten gelten auch für den Menschen

5.1. Methoden der Erbforschung beim Menschen

Erbforschung beim Menschen ist eine schwierige Sache. Man kann nämlich nicht dieselben Methoden wie bei Pflanzen und Tieren anwenden. Es dauert durchschnittlich 20 bis 30 Jahre, ehe der Mensch Nachkommen hat. Außerdem sind Menschen nicht einfach kreuzbar wie Tiere, auch die Anzahl ihrer Nachkommen ist zu gering.

Eine Möglichkeit zu untersuchen, ob Merkmale beim Menschen den Erbgesetzen folgen, bietet die **Stammbaumforschung.** Anhand von Familienstammbäumen werden auffällige Merkmale über mehrere Generationen verfolgt. Dies können körperliche und geistige Merkmale sein. So hat man in manchen Familien, bei denen Erbkrankheiten wie *erbliche Schwerhörigkeit* und *Kurzfingrigkeit* aufgetreten sind, die Krankheitsmerkmale weit zurückverfolgen können. Auch künstlerische Fähigkeiten lassen sich in Stammbäumen gelegentlich über mehrere Generationen hinweg feststellen.

Eine andere Möglichkeit, den Einfluß von Umweltfaktoren an der Ausbildung körperlicher und geistiger Merkmale zu untersuchen, bietet die **Zwillingsforschung.** Eineiige Zwillinge haben nämlich völlig gleiche Erbanlagen, denn sie sind aus einer befruchteten Eizelle, die sich später in zwei Keime geteilt hat, entstanden. Solche eineiigen Zwillinge, die schon kurz nach der Geburt getrennt wurden und unter verschiedenen Umweltbedingungen aufwuchsen, sind zur Untersuchung geeignet. Sie ermöglichen es den Erbforschern, die Wirkung von Umwelteinflüssen auf die Entwicklung zu untersuchen. Man nimmt an, daß alle Veränderungen im Erscheinungsbild sowie Unterschiede in persönlichen Eigenarten und im Verhalten auf unterschiedliche Umwelteinflüsse zurückgehen. In vielen Fällen lassen sich trotzdem viele Gemeinsamkeiten zwischen lange getrennt lebenden eineiigen Zwillingen feststellen.

1. Stelle nach dem Muster der Abbildung 82.1.B einen Stammbaum deiner eigenen Familie auf!

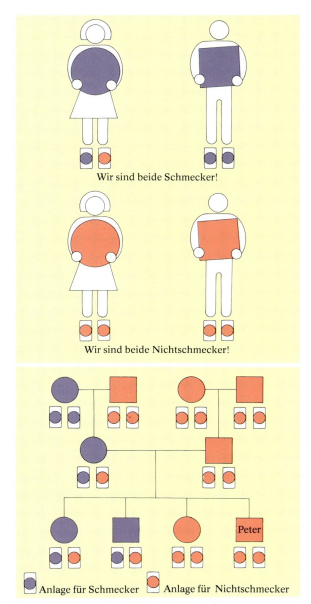

Wir sind beide Schmecker!

Wir sind beide Nichtschmecker!

Peter

● Anlage für Schmecker ● Anlage für Nichtschmecker

83.1. Vererbung der Schmeckfähigkeit

2. Verfolge die Vererbung der Schmeckfähigkeit anhand des Stammbaums in Abbildung 83.1. Schreibe auf, wer aus Peters Verwandtschaft Schmecker ist und wer nicht!

3. Überlege, ob das Merkmal Schmeckfähigkeit für Phenylthioharnstoff nach dem dominant-rezessiven oder dem zwischenelterlichen Erbgang vererbt wird.

Eineiige Zwillinge auf „Herz und Nieren" geprüft

Sie heißen Bridget und Dorothy und sind eineiige Zwillinge. Warum sich Wissenschaftler gerade für sie und dreißig andere Zwillingspaare interessieren, liegt an ihrem Schicksal in frühester Kindheit. Alle wurden sie nämlich kurz nach der Geburt voneinander getrennt und wuchsen in verschiedenen Familien, dazu oft in verschiedenen Ländern, auf.
Bridget und Dorothy sind 1945 geboren worden und sahen sich 1979 zum ersten Mal wieder. Keine von beiden wußte, daß sie eine Zwillingsschwester hatte.

Eineiige Zwillinge sind für die **Zwillingsforschung** ein Glücksfall. Sie sind aus *einer* befruchteten Eizelle entstanden und haben immer das gleiche Geschlecht. Auch in vielen weiteren Eigenschaften stimmen sie überein. Vor allem die Augenfarbe und die Blutgruppe sind völlig gleich. Aber auch die Fingerabdrücke, die Körpergröße, ihre Stimmen und sogar ihre Reaktionen auf bestimmte Testbilder sind verblüffend ähnlich.
Dorothy und Bridget hatten sogar den gleichen Lieblingsschriftsteller, benutzten ein Parfum der gleichen Marke und liebten beide Katzen. Solche kuriosen Übereinstimmungen zwischen eineiigen Zwillingen bedeuten nun nicht, daß der Mensch seinen Erbanlagen hilflos ausgeliefert ist. Besonders in frühester Jugend spielt die Umwelt, in der ein Mensch aufwächst, für die weitere Entwicklung eine ganz entscheidende Rolle.

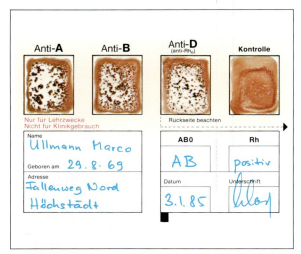

84.1. Blutgruppenbestimmung. *Auf jedes der Felder wird ein Tropfen Blut gebracht und verrührt. Nach kurzer Zeit kann man sehen, ob sich das Blut verklumpt oder nicht.*

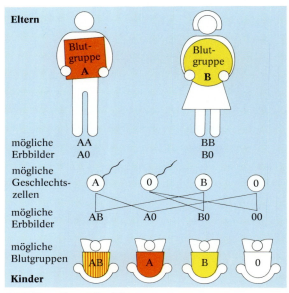

84.2. Vererbung der Blutgruppen

5.2. Blutgruppen werden vererbt

Klaus liest aus der Zeitung vor: „…durch eine Blutgruppenbestimmung, die bei Vaterschaftsgutachten immer gemacht wird, konnte Herr R. als Vater des Kindes ausgeschlossen werden."
Was haben Vaterschaftsgutachten und Blutgruppen miteinander zu tun, wirst du fragen. Beim Vaterschaftsgutachten wird bei Mutter und Kind und den möglichen Vätern eine Blutgruppenbestimmung durchgeführt. Auch du kannst deine Blutgruppe beim Arzt bestimmen lassen. Du hast entweder Blutgruppe A, B, AB oder 0.

Die Blutgruppen sowie viele weitere Bluteigenschaften werden streng nach den Erbregeln von den Eltern an die Kinder weitergegeben. Die Blutgruppe, die du besitzt, ist gleichzusetzen mit dem *Erscheinungsbild* dieses Merkmals. Wie aber sieht das *Erbbild* deiner Blutgruppe aus?
Jeder Mensch hat auch zu seiner Blutgruppe zwei Anlagen geerbt, eine vom Vater, die andere von der Mutter. Die Anlagen A und B sind da-

bei dominant über 0. A und B stehen aber gleichwertig nebeneinander. Dies ist eine Besonderheit bei der Vererbung der Blutgruppen. Betrachten wir einmal die möglichen Erbbilder der Blutgruppen der Reihe nach. Hat jemand die Blutgruppe 0, so hat er sicher das Erbbild 00. Hast du die Blutgruppe A, so kann dein Erbbild AA oder A0 sein, denn A ist dominant über 0. Hast du die Blutgruppe B, kann dein Erbbild BB oder B0 sein. Hast du aber die Blutgruppe AB, so ist auch dein Erbbild AB.

Man kennt heute beim Menschen viele weitere Bluteigenschaften. Eine bekannte ist der **Rhesusfaktor.** In Deutschland sind 85% der Bevölkerung rhesus-positiv (Rh) und 15% rhesusnegativ (rh). Das bedeutet, daß ihr Blut mit einer bestimmten Prüfsubstanz entweder verklumpt oder nicht. Auch für diesen Blutgruppenfaktor hat jeder von uns zwei Anlagen. Die Anlage für rhesus-positiv ist dabei dominant über rhesusnegativ. Wenn du rhesus-positiv bist, kannst du also gemischterbig Rhrh oder reinerbig RhRh sein. Wenn du rhesus-negativ bist, hast du immer das Erbbild rhrh.

Aus einem Biologiebuch von 1887

Ein ganz eigenthümliches Vorgehen, um Knabengeburten zu erzielen, ist sodann bei den wilden ostgrönländischen Eskimos noch heute im Gebrauch. Lieutenant Holm, welcher unter ihnen während des Winters 1884 zu 1885 lebte, erzählt darüber, dass das höchste Verlangen der dortigen Frauen darauf geht, einen Sohn zu haben, und dass eine Ehe bei ihnen so lange als unvollständig betrachtet wird, bis die Gattin nicht Mutter geworden ist. Um es nun zu erreichen dass das Kind ein Knabe wird, werden die Frauen veranlasst, einen Tanz in der Weise zu veranstalten, dass sie mit ihren Füssen die Figur von einer Acht beschreiben. Wird diese Vorsicht strenge befolgt, so hat es die Bestimmung des Geschlechtes von dem erwarteten Kinde zur Wirkung.

1. Wie ist dieser Text von 1887 heute zu beurteilen?

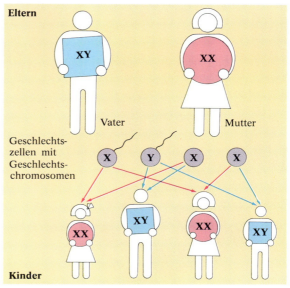

85.1. Mädchen oder Junge?

5.3. Nachwuchs wird erwartet: Mädchen oder Junge?

Seit eh und je hat es nicht an Versuchen gefehlt, das Geschlecht eines Kindes vor der Geburt zu bestimmen. Auch bei uns gab und gibt es viele gutgemeinte Ratschläge, die man befolgen soll, um als Nachwuchs eine Tochter oder einen Sohn zu bekommen. Trotz aller dieser Versuche blieb über die Zeiten das Zahlenverhältnis von Mädchen- und Jungengeburten immer etwa 1:1. Daraus kann man schließen, daß nicht irgendwelche Umwelteinflüsse, sondern Erbanlagen das Geschlecht des Menschen bestimmen.
Bei der mikroskopischen Untersuchung des menschlichen Chromosomensatzes stellt man fest, daß dieser bei Männern und Frauen nicht vollständig gleich zusammengesetzt ist. Bei der Frau kann man alle 46 Chromosomen zu 23 Paaren ordnen. Beim Mann dagegen haben nur 22 Chromosomen einen gleich aussehenden Paarling. Das 23. Paar besteht aus zwei ungleichen Chromosomen. Das kleinere Chromosom dieses Paares nennt man das *y-Chromosom*, das größere das *x-Chromosom*.

Bei Frauen sind zwei gleiche x-Chromosomen vorhanden. Dieses dreiundzwanzigste Chromosomenpaar ist für die **Bestimmung des Geschlechts** verantwortlich.
Bei der Bildung der Geschlechtszellen wird bei Vater und Mutter der doppelte Chromosomensatz zum einfachen halbiert. In Abbildung 85.1. erkennst du, daß die beiden x-Chromosomen der Mutter auf zwei Eizellen verteilt werden. Beim Vater entstehen zwei verschiedene Geschlechtszellen, eine mit einem y-Chromosom und eine mit einem x-Chromosom.
Bei der Befruchtung verschmilzt eine Eizelle mit einer männlichen Geschlechtszelle. Dabei kann nun eine männliche Geschlechtszelle mit einem x-Chromosom oder mit einem y-Chromosom auf die Eizelle treffen. Alle Eizellen besitzen nur x-Chromosomen. Befruchtete Eizellen enthalten daher entweder zwei x-Chromosomen oder das Chromosomenpaar xy.
Das Geschlecht eines Kindes wird also durch die Verschmelzung der Geschlechtszellen bereits bei der Befruchtung festgelegt. Maßgebend für die Bestimmung des Geschlechts sind dabei die Geschlechtszellen des Mannes.

86.1. Mongoloides Kind

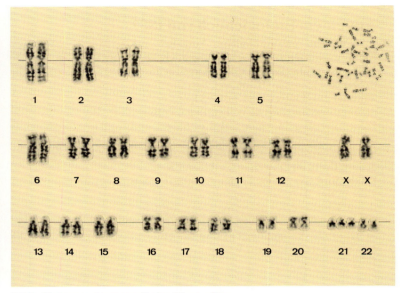

86.2. Chromosomensatz beim Mongolismus

6. Angeborene Krankheiten und Erbkrankheiten

6.1. Ein Chromosom zuviel

Vielleicht bist du schon einmal einem Kind begegnet, das so ähnlich aussah wie das in Abbildung 86.1. Der Mund solcher Kinder steht meist etwas offen. Besonders auffällig sind die schlitzförmigen Augen. Diese für uns ungewohnte Form wird durch schräggestellte Augenlider hervorgerufen. Weil dies an die Augenform der Mongolen erinnert, hat man dieses Aussehen als *mongoloid* und die Krankheit als **Mongolismus** bezeichnet. In den meisten Fällen haben diese Kinder Herzfehler und sind geistig behindert. Durch intensive Pflege und Förderung kann man ihre Leiden aber lindern.

Seit etwa 25 Jahren weiß man, worauf diese Krankheit zurückgeht. Zähle einmal die Chromosomen in Abbildung 86.2.! Du wirst feststellen, daß ein Chromosom zuviel vorhanden ist. Es ist das Chromosom Nr. 21, das dreimal vorliegt. Wie kommt es zu diesem Fehler in der Chromosomenzahl?
Bei der Bildung der Geschlechtszellen wird aus dem doppelten Chromosomensatz ein einfacher Chromosomensatz. Jedes Chromosomenpaar wird dabei auf zwei Geschlechtszellen aufgeteilt. Geraten zufällig doch beide Chromosomen eines Paares in eine Geschlechtszelle, so hat diese 24 statt 23 Chromosomen. Nach der Befruchtung hat die Eizelle nun 47 Chromosomen. Wenn das Chromosom Nr. 21 dreimal vorhanden ist, sind diese Kinder mongoloid.

Mongolismus kann also auch in einer völlig erbgesunden Familie plötzlich auftreten. Obwohl hier ein Fehler im Erbmaterial vorliegt, ist Mongolismus keine Erbkrankheit, sondern eine *angeborene Krankheit*. Wenn Mongoloide jedoch Kinder bekommen, kann die Krankheit weiter vererbt werden.

1. Erkläre, warum die Geschwister eines mongoloiden Kindes im allgemeinen erbgesund sind.

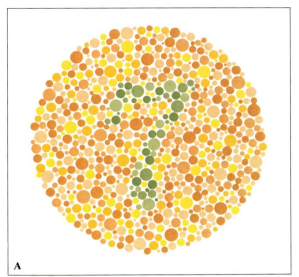

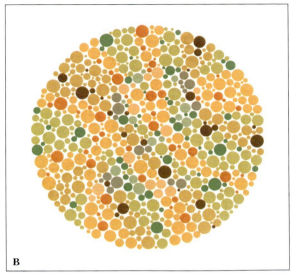

87.1. Testtafeln zur Untersuchung der Farbtüchtigkeit. *A Hier erkennt ein Farbtüchtiger die Zahl 7; B hier erkennt ein Rot-Grün-Blinder die Zahl 2*

6.2. Rot-Grün-Blindheit und Bluterkrankheit – Männerkrankheiten?

Wolfgang ist rot-grün-blind. Lange Zeit wußte er nichts von diesem Sehfehler, obwohl er bei der Beschreibung verschiedener Farbschattierungen von rot und grün schon oft anderer Meinung war als seine Freunde. Als er sich aber kürzlich zur Mopedführerschein-Prüfung meldete, wurde sein Farbensehen mit Testtafeln geprüft. Obwohl er auf diesen Bildern deutlich rote und grüne Punkte unterscheiden konnte, war er nicht in der Lage, ein bestimmtes Zeichen zu erkennen. Wolfgang hat eine Farbschwäche; er ist leicht rot-grün-blind. Diese Rot-Grün-Blindheit ist eine besondere Form der **Farbenblindheit.**

Untersucht man Stammbäume, findet man in bestimmten Familien immer wieder farbenblinde Personen. Farbenblindheit ist offenbar erblich. Wolfgang teilt seine Farbenblindheit mit 8% aller Männer und 1% aller Frauen. Woher kommt es, daß viel mehr Männer farbenblind sind als Frauen?

Erinnern wir uns, daß Männer die Geschlechtschromosomen xy und Frauen die Geschlechtschromosomen xx haben. Läge die Erbanlage für Farbenblindheit auf dem y-Chromosom, könnte es keine farbenblinden Frauen geben. Die Anlage für Farbenblindheit muß also auf dem x-Chromosom liegen.

Hat nun ein Mann ein x-Chromosom mit der Erbanlage für Farbenblindheit, so ist er auf jeden Fall farbenblind, weil er nur ein x-Chromosom besitzt. Bei einer Frau, die auf einem x-Chromosom die Anlage für Farbenblindheit trägt, kann dagegen ein zweites x-Chromosom, das die Anlage für normales Farbensehen trägt, den Mangel ausgleichen. Die Anlage für normales Farbensehen überdeckt die Anlage für Rot-Grün-Blindheit. Frauen können also auch Trägerinnen der Erbanlage Farbenblindheit sein, ohne es zu wissen. Erst wenn beide x-Chromosomen die Anlage für Farbenblindheit tragen, sind auch Frauen farbenblind. Das kommt jedoch verhältnismäßig selten vor. Die Rot-Grün-Blindheit ist also eine **Erbkrankheit,** die auf die nächste Generation wei-

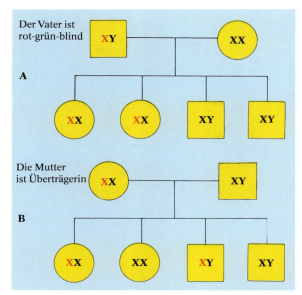

Der Vater ist rot-grün-blind

A

Die Mutter ist Überträgerin

B

88.1. Vererbung der Rot-Grün-Blindheit (Schema)

tergegeben wird. Normalerweise merken Rot-Grün-Blinde wenig von ihrer Krankheit. Nur einige Berufe wie Pilot oder Lokführer dürfen sie nicht ausüben.

Bluterkrankheit

Sicher hast du dich schon öfter verletzt. Die Wunde blutet dann mehr oder weniger stark. Meist hört es aber schon nach wenigen Minuten zu bluten auf, und es bildet sich ein Wundverschluß aus geronnenem Blut. Die Verletzung heilt schnell, und du denkst nicht mehr an dein Mißgeschick.

Bei einigen Menschen ist aber die *Blutgerinnung* nach einer Verletzung stark verlangsamt. Ihre Wunden bluten sehr lange, und die Gefahr von gefährlichen Blutverlusten ist groß. Solche Menschen haben die **Bluterkrankheit.**

Bluterkranke müssen sehr vorsichtig sein, damit sie sich nicht schwer verletzen, und harte Schläge vermeiden. Sie bekommen sonst starke Blutungen oder Blutergüsse. Durch Spritzen mit Gerinnungsstoffen kann ihnen im Notfall jedoch geholfen werden.
Die Bluterkrankheit ist wie die Rot-Grün-Blindheit eine Erbkrankheit. Die Anlage dazu liegt auf dem x-Chromosom. Das Blut solcher Menschen gerinnt nach einer Verletzung nicht nach 5 Minuten wie bei Gesunden, sondern oft erst nach 20 bis 30 Minuten.

Wie bei der Rot-Grün-Blindheit sind auch hier Männer viel häufiger betroffen als Frauen. Männer haben nämlich nur ein x-Chromosom. Befindet sich eine Anlage für Bluterkrankheit auf diesem Chromosom, sind sie *Bluter.*

Bei Frauen, die zwei x-Chromosomen haben, kann eines der beiden x-Chromosomen die Anlage tragen oder beide. Frauen sind nur dann Bluter, wenn beide x-Chromosomen die Bluteranlage besitzen. Ein x-Chromosom ohne Bluteranlage reicht einer Frau also aus, um gesund zu sein. Du kannst daraus erkennen, daß die Bluterkrankheit nach dem dominant-rezessiven Erbgang vererbt wird.

1. Stelle ein Erbschema wie in Abbildung 88.1. auf. Ein gesunder Mann und eine farbenblinde Frau haben zwei Söhne und zwei Töchter. Trage in das Erbschema ein, welches Kind farbtüchtig ist, welches farbenblind und welches Kind die Anlage für Farbenblindheit trägt!

2. Ein bluterkranker Mann und eine gesunde Frau haben zwei Söhne und zwei Töchter. Stelle ein Erbschema auf. Kennzeichne die bluterkranken Kinder mit roter Farbe!

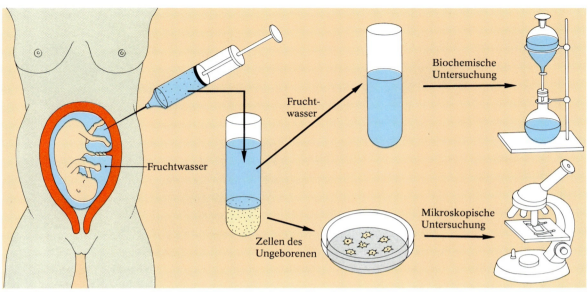

89.1. Fruchtwasseruntersuchung

6.3. Vorsorgeuntersuchungen und Erbberatung

Frau Heber ist 38 Jahre alt, und ihr Mann feierte dieses Jahr seinen 45. Geburtstag. Seit einigen Wochen weiß Frau Heber, daß sie ein Kind erwartet. Bei der ersten Untersuchung beim Frauenarzt wurde ihr geraten, sich an eine *genetische Beratungsstelle* zu wenden. Der Arzt sagte ihr, daß für sie eine erhöhte Wahrscheinlichkeit bestehe, ein mongoloides Kind zu bekommen. Beim *Mongolismus* ist das Chromosom 21 dreimal vorhanden. Diese angeborene Krankheit tritt häufiger auf, wenn die Eltern schon älter sind.

Eine Möglichkeit, Abweichungen zum Beispiel in der Chromosomenzahl bereits beim Ungeborenen zu erkennen, besteht in der **Fruchtwasseruntersuchung.** Dazu werden zwischen der 14. und 16. Schwangerschaftswoche einige Kubikzentimeter Fruchtwasser aus der Fruchtblase entnommen. Das Fruchtwasser enthält auch immer Zellen des Ungeborenen. Sie werden in einer Kulturlösung vermehrt und anschließend untersucht.

Bei Frau Heber ergab die Untersuchung das beruhigende Ergebnis, daß das Kind erbgesund sein würde. Findet man beispielsweise ein überzähliges Chromosom Nr. 21 oder auch fehlerhafte Chromosomen, so müssen Arzt und Eltern abwägen, ob ein Schwangerschaftsabbruch vorgenommen werden kann oder ob das behinderte Kind zur Welt kommen soll. Beim Abwägen einer solchen Entscheidung spielt es eine große Rolle, um welche Krankheit es sich handelt, und ob eine medizinische Behandlungsmöglichkeit besteht.

Sind in einer Familie bereits in früheren Generationen Erbkrankheiten aufgetreten, können sich zukünftige Eltern schon vor der Zeugung eines Kindes beraten lassen. Bei einem solchen Beratungsgespräch in der genetischen Beratungsstelle werden Familienstammbäume erstellt, die möglichst genaue Angaben über Krankheiten und andere auffällige Merkmale der Familie und ihrer Vorfahren enthalten. Durch diese Beratung können zukünftige Eltern erfahren, ob die Wahrscheinlichkeit, ein erbkrankes Kind zu bekommen, über das normale Maß hinaus vergrößert ist.

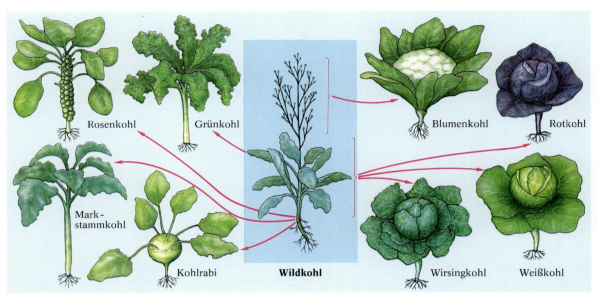

90.1. Züchtungserfolge beim Kohl

7. Erbgesetzmäßigkeiten werden angewendet

7.1. Wie aus Wildpflanzen Kulturpflanzen werden

Wie viele Apfelsorten kennst du? Sicher wirst du aus dem Gedächtnis nicht viel mehr als fünf Sorten nennen können. Es gibt aber über 20 000 Apfelsorten. Wie kommt es zu einer solchen Vielfalt innerhalb einer einzelnen Pflanzenart?

Schon seit Tausenden von Jahren hat der Mensch Wildpflanzen in Kultur genommen. Sicher wollte er zuerst die mühsame Nahrungssuche und die Ernte vereinfachen. Bald begann er aber, die ertragreichsten und schmackhaftesten Pflanzen auszuwählen und weiterzuzüchten. Durch diese **Auslese** hat man in den vergangenen 10 000 Jahren aus wenigen *Wildformen* die große Sortenvielfalt der **Kulturpflanzen** erhalten.
Bei der Zucht solcher Kulturpflanzen traten bei der großen Zahl von Nachkommen immer wieder neue Merkmale auf, die in den folgenden Generationen unverändert erhalten blieben. Wir nennen diese erblichen Änderungen **Mutationen.**

Seit man die Regeln der Vererbung kennt, ging man noch planmäßiger vor. Eine wichtige Züchtungsmethode wurde die **Kreuzung.** Auf diese Weise lassen sich erwünschte Eigenschaften verschiedener Rassen in einer Pflanze kombinieren. Durch die **Kombinationszüchtung** erhielt man zum Beispiel beim Weizen eine Sorte, die hohen Ertrag und größere Widerstandsfähigkeit gegen Kälte in sich vereinigt. Dadurch kann heute Weizen auch in Gegenden angebaut werden, in denen dies früher nicht oder nur schwer möglich war.

1. Betrachte Abbildung 90.1. und finde heraus, welche Teile des Wildkohls durch Züchtung verändert wurden!

2. Nenne Kulturpflanzen, bei denen zum Beispiel die Blätter, die Blattstiele, die Früchte oder die Wurzeln so weitergezüchtet wurden, daß sie als Nahrungsmittel dienen!

Wie reinerbige Kartoffelpflanzen gezüchtet werden

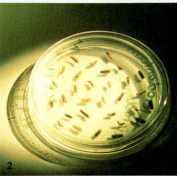

1. Aus der Blüte einer Kartoffelpflanze werden Staubbeutel entnommen.

2. Man legt sie auf einen Nährboden, wo aus einigen Pollenkörnern Zellgewebe entstehen.

3. Die Zellen dieser Gewebe haben nur einen einfachen Chromosomensatz, die daraus entstehenden Pflänzchen ebenfalls.

4. In Glaskolben wachsen aus dem Zellgewebe viele Kartoffelpflänzchen mit einfachem Chromosomensatz hervor.

5. Kartoffelpflänzchen mit einfachem Chromosomensatz sind kleiner als solche mit doppeltem. Durch einen „Trick" verdoppelt man den Chromosomensatz wieder.

6. Das Zellgift Kolchizin der Herbstzeitlose wird auf Knospen gestrichen. Auswachsende Pflänzchen haben jetzt zwei völlig gleiche Chromosomensätze. Sie sind reinerbig.

92.1. Zuchtbulle

92.2. Milchkühe

7.2. Eine Million Mark für einen Zuchtbullen

Der Zuchtbulle mit dem schönen Namen „Holodri" stammt aus Diepholz in Niedersachsen. Mit seinen 13 Jahren wiegt er stolze 1500 Kilogramm und ist inzwischen 550mal Vater und 3000mal Großvater. Sein Wert beträgt über eine Million DM.

Die Stammväter dieses Prachtrindes waren die Auerochsen. Dies waren Rinder, die in früheren Zeiten auch die Wälder Europas besiedelten. Die wilde, freilebende Stammform gibt es heute aber nicht mehr. Sie ist vor etwa 300 Jahren ausgestorben. Heute leben nur noch die Nachkommen früherer Zuchtformen, die schon seit der Steinzeit vor Tausenden von Jahren als Haustiere gehalten wurden.

Die heutigen Rinderrassen sind durch die **Auslese** von Tieren mit besonderen Eigenschaften entstanden. Besonders die sprunghaften Änderungen des Erbgutes, die **Mutationen,** ergaben immer wieder Tiere mit neuen Merkmalen. So entstanden schließlich bis heute Rassen, die in der Natur nicht vorkommen und dort oft gar

nicht mehr frei leben könnten. Unsere Milchkühe zum Beispiel müssen täglich gemolken werden.

Auch in der Tierzucht werden Tiere mit erwünschten Merkmalen ausgelesen und weitergezüchtet. Durch planmäßige **Kreuzungen** werden solche Merkmale in noch wertvolleren Tieren vereinigt. Man verfolgt dabei ganz bestimmte Zuchtziele. So kommt es bei der Rinderzucht auf hohen *Milchertrag* oder auf schnellen *Fleischansatz* an. Um diese Zuchtziele zu erreichen, werden besonders leistungsfähige Tiere zur Weiterzucht ausgewählt. In *Besamungsanstalten* hält man hochgezüchtete Bullen. Mit den Spermien dieser Tiere werden Hunderte von Kühen künstlich besamt. Auf diese Weise erhält man von einem Bullen viele Tausende Nachkommen.

1. Der Milchertrag pro Jahr bei Rindern ist ständig gestiegen: Wildrind 600 Liter, Rind im 14. Jahrhundert 700 Liter, 1860 1200 Liter, 1950 2466 Liter, 1963 3498 Liter, 1975 3937 Liter und 1982 4700 Liter. Zeichne ein Säulendiagramm, das die Steigerung des Milchertrages zeigt!

Mancher Hund ist ein armer Hund

Hast du dir nicht schon einmal einen netten kleinen Hund gewünscht, kuschelig und so richtig zum Spielen? Auch deine Freunde und Freundinnen möchten so ein anhängliches Wollknäuel haben. Die gleiche Rasse soll es natürlich nicht sein, ein bißchen möchte man sich doch von den anderen unterscheiden. Der eigene Hund soll ja auch der schönste und klügste werden.

Manche Züchter haben sich darauf spezialisiert, auch ausgefallene Wünsche zukünftiger Hundebesitzer zu erfüllen. Solche Hunde haben kein Haus zu bewachen und auch auf der Jagd werden sie nie gebraucht. So kommt es, daß der *Mops* mit seiner kurzen Schnauze und seinen dauernden Kummerfalten nur traurig und hilfsbedürftig aussehen muß. Meist neigen diese Tiere zu Atemnot. Von der feinen Hundenase ist keine Rede mehr.

Dem *Basset* hat man neben seinen langen Ohren auch noch „Triefaugen" angezüchtet. Man muß das Rote im Auge sehen, so schreiben es die Züchter vor. Der arme Hund leidet dafür häufig an Bindehautentzündungen.

Der *chinesische Nackthund* ist ebenfalls ein bedauernswerter „Zuchterfolg". Nur weil einige Menschen überempfindlich auf Hundehaare reagieren, hat man ihm das Fell fast vollständig weggezüchtet. Deshalb sind diese Hunde sehr empfindlich gegen Wärme und Kälte. Schlechte Zähne hat er zusätzlich auch gleich von Geburt an.

Kaum glaublich aber wahr: Alle diese Hunderassen stammen von einer einzigen Wildtierart ab, dem **Wolf.** Wölfe leben in Rudeln mit einer strengen Rangordnung, jagen gemeinsam und verständigen sich untereinander durch Laute und Bewegungen. Alle diese Eigenschaften erleichterten es dem Menschen vor etwa 14000 Jahren vielleicht, einige verwaiste Jungtiere in die Menschengruppe aufzunehmen. Der Mensch übernahm damit für die kleinen Wolfwelpen die Rolle des Rudelführers. Leider ist bei manchen Hundebesitzern von dieser Verantwortung wenig übriggeblieben.

93.1. Mops

93.2. Basset

93.3. Chinesischer Nackthund

93.4. Wolf

Sexualität und Entwicklung des Menschen

94.1. Kontaktsuche

1. Jungen und Mädchen – ein problemloses Verhältnis?

Sabine und Bernd lernen sich kennen

Sabine erzählt ihrer Freundin: „Letzte Woche waren wir schwimmen. Auch einige Jungen waren dabei. Es war sehr lustig. Wir machten Quatsch, tobten rum, balgten uns und warfen uns ins Wasser. Am Abend bildeten sich einzelne Pärchen. Auch ich lag mit einem Jungen auf einer Decke. Bernd, so hieß der Junge, küßte mich. Erst halb im Spaß, dann, glaube ich, war es kein Spaß mehr. Ich fand es sehr schön. Ich hatte so etwas ja noch nie erlebt."

Bernd erzählt seinem Freund: „Gestern war ich schwimmen. Da haben wir uns auch mit Mädchen getroffen. Eine, die Sabine, hat mir schon gefallen. Sie sieht gut aus, weißt du, ganz mein Typ! Ich trau' mich sonst so nicht richtig. Aber geküßt haben wir uns auch schon. Ob es ihr gefallen hat?"

1. Vergleiche die Erzählungen von Sabine und Bernd miteinander. Welche Gemeinsamkeiten oder welche Unterschiede stellst du fest?

Jungen und Mädchen in deinem Alter kleiden sich nach bestimmten Vorbildern, ahmen ihre Idole nach und entwickeln eine bestimmte Redeweise. Sie versuchen, je älter sie werden, einen eigenen Lebensstil zu finden. Jungen wollen nun Mädchen und Mädchen wollen nun Jungen kennenlernen. Diese Phase in der Entwicklung eines Menschen wird als **Jugend** bezeichnet.

Überlege einmal, welche Umstellungen du als Jugendlicher zu überwinden hast: Mädchen fühlten sich bisher zu Mädchengruppen, Jungen zu Jungengruppen hingezogen. Jetzt werden sich Jungen bewußt, daß sie sich zum Mann hin entwickeln; Mädchen merken, daß sie erwachsene Frauen werden. Jungen und Mädchen verlieben sich zum erstenmal. Einige Jugendliche haben schon erste sexuelle Erfahrungen. Gleichzeitig aber solltest du als Jugendlicher auch noch zu dir selbst finden. Vielleicht geht es dir auch so: Musik oder Bilder, die du vor einiger Zeit gut fandest, lehnst du heute ab. Auch im Umgang mit früheren Freunden hast du dich geändert. Deine Meinungen und Ansichten sind

95.1. Vertrautes Gespräch

jetzt anders geworden. Diese Veränderungen dauern eine Zeit. Sie führen zu Wandlungen, die ganz normal sind. Allmählich wirst du feste Vorstellungen zur Gestaltung deines Lebens gewinnen.

Auch wenn du es glaubst, kannst du deinen Freund oder deine Freundin nicht gleich ganz verstehen. Wie Jungen oder Mädchen nun wirklich sind, kannst du weder durch Verliebtheit noch durch sexuelle Erfahrung erkennen. Oft braucht man viele Jahre, um sich gegenseitig richtig kennen und lieben zu lernen. Viele Jugendliche stellen fest, daß Verliebtsein und sexuelle Erfahrungen in diesem Alter nicht alles sind. In der Schule, im Elternhaus und später im beruflichen Leben wird der Partner immer eine Rolle spielen. Beide Partner beeinflussen sich gewollt oder ungewollt gegenseitig. Deshalb ist es für den weiteren Verlauf des Lebens eines Menschen sehr entscheidend, mit welchem Partner er seine Zukunft gestalten kann.

Kontaktsuche so – oder so?

Regina K. aus Aachen schreibt:
Wir, meine Freundin und ich, sehen jeden Tag einen Jungen aus der Parallelklasse. Wir finden ihn beide unheimlich nett. Jetzt traf ich ihn allein in der Diskothek. Es war ein dufter Abend. Ich glaube nicht, daß er eine Freundin hat. Ich kann doch nicht zu ihm hingehen und sagen, daß ich ihn wiedersehen möchte. Wie fange ich das an? Auch will ich meine Freundin nicht verlieren!

Auch Jungen müssen sich überwinden, wenn sie eine Freundschaft mit einem Mädchen beginnen möchten:

Andy O. aus Köln schreibt:
Liebe Moni, komm heute nachmittag bitte zu Schneider hin. Ich möchte mit dir sprechen. Meinen Namen sage ich dir dann. Vom Sehen her mußt du mich kennen. Ich habe dich schon öfter in der Disko gesehen, aber du hattest immer einen Jungen dabei. Jetzt fasse ich mir Mut und bitte um ein Treffen. Komm bitte um 4 Uhr dahin, also bis Donnerstag.
                                   Alles Liebe A. O.

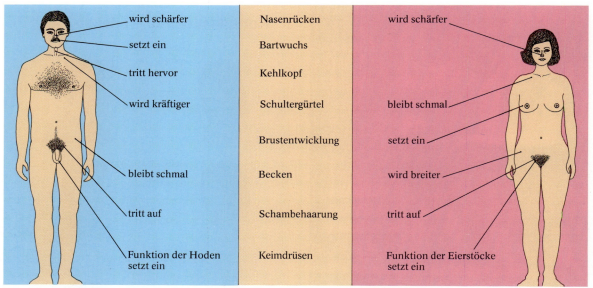

	wird schärfer	Nasenrücken	wird schärfer	
	setzt ein	Bartwuchs		
	tritt hervor	Kehlkopf		
	wird kräftiger	Schultergürtel	bleibt schmal	
		Brustentwicklung	setzt ein	
	bleibt schmal	Becken	wird breiter	
	tritt auf	Schambehaarung	tritt auf	
	Funktion der Hoden setzt ein	Keimdrüsen	Funktion der Eierstöcke setzt ein	

96.1. Körperliche Veränderungen während der Reifezeit bei Jungen und Mädchen

2. Was geschieht in der Pubertät?

Mit der Tätigkeit der Keimdrüsen – der Hoden beim Jungen und der Eierstöcke beim Mädchen – beginnt die **Pubertät.** Während sich das körperliche Wachstum verlangsamt, formen sich die Körpermerkmale von Mann und Frau. Beim Jungen vergrößern sich die Geschlechtsorgane. Die Körperbehaarung tritt auf. In den Hoden werden zunehmend reife Spermazellen produziert. In unregelmäßigen Abständen kommt es vor allem nachts zu einem unwillkürlichen Samenerguß. Man nennt das *Pollution.* Auch der Kehlkopf vergrößert sich, so daß der Junge in den *Stimmbruch* kommt. Seine Stimme klingt danach tiefer.

Beim Mädchen beginnen etwa vom 11. Lebensjahr ab die Brüste zu wachsen. Gleichzeitig verstärkt sich die Körperbehaarung: Achsel- und Schamhaare beginnen zu wachsen. In dieser Zeit tritt auch die erste *Regelblutung* auf.

Bei beiden Geschlechtern verändert sich bis zum 20. Lebensjahr auch die Körperform. Der Beckengürtel des Mädchens verbreitert sich, die Schultern bleiben schmal. Der Mann dagegen weist meist einen breiteren Schultergürtel und ein schmales Becken auf.

Das Wachstum und die Entwicklung in der Kindheit werden durch **Hormone** geregelt. Mit Beginn der Pubertät bilden auch die Keimdrüsen Hormone. Alle Hormondrüsen des Körpers werden von einem Zentrum aus beeinflußt, das sich in unserem Gehirn befindet.

Dieses Zentrum ist die **Hirnanhangsdrüse** oder *Hypophyse.* Sie veranlaßt, daß bei Jungen und Mädchen die *Geschlechtshormone* gebildet werden. Das männliche Geschlechtshormon heißt Testosteron; die weiblichen Geschlechtshormone sind Östrogen und Progesteron.

Neben den körperlichen Veränderungen bewirken die Geschlechtshormone auch seelische Veränderungen. Es kommt nun häufiger zu Konflikten mit Geschwistern und Eltern. Der Jugendliche ist oft niedergeschlagen, nichts will ihm gelingen, und keiner kann ihm etwas recht machen. Diese Phase der Pubertät ist durchaus normal, und jeder Jugendliche durchlebt sie mehr oder weniger intensiv.

Der Jugendliche erlebt jetzt die Konflikte mit Eltern und Geschwistern sowie andere seelische Mißstimmungen bewußter. Auch Musik, Bilder

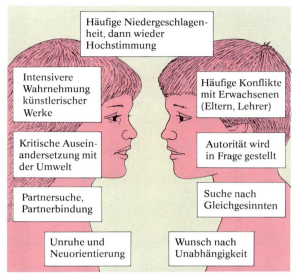

Häufige Niedergeschlagen-
heit, dann wieder
Hochstimmung

Intensivere
Wahrnehmung
künstlerischer
Werke

Häufige Konflikte
mit Erwachsenen
(Eltern, Lehrer)

Kritische Ausein-
andersetzung mit
der Umwelt

Autorität wird
in Frage gestellt

Partnersuche,
Partnerbindung

Suche nach
Gleichgesinnten

Unruhe und
Neuorientierung

Wunsch nach
Unabhängigkeit

*97.1. Seelische Veränderungen bei Jungen und
Mädchen während der Reifezeit*

und erfreuliche Seiten des Lebens werden tiefer
und stärker als in der Kindheit wahrgenommen
und erlebt. Während und nach der Pubertät setzt
sich der Jugendliche auch kritisch mit seiner
Umwelt auseinander.

Geschlechtshormone sind also dafür verantwortlich, daß aus Kindern Jugendliche und aus
diesen dann Erwachsene werden. Ein verständ-
nisvolles Elternhaus kann dazu beitragen, daß
bei vielen Jugendlichen dieser Weg problemlos
verläuft. Gespräche mit Freunden und Erwachsenen sowie die Beschäftigung mit einem Hobby
können oft helfen, die nicht immer leichte Zeit
in der Jugend möglichst ausgeglichen zu erleben.

Sabine und Bernd haben großen Kummer

Im Sommer sollte doch das Zeltlager statt-
finden. Die örtliche Jugendgruppe hatte es
organisiert. Aber nun meinte Sabine: „Ach,
mit all den anderen! Bernd, wir haben dann
keine Zeit für uns ... und überhaupt, du weißt
ja, Zeltlager mag ich nicht. Man kann sich
nicht richtig waschen und ... mir ist das einfach zuviel. Du hast mich sowieso nicht lieb!
Sonst würdest du mit mir allein fahren!" –
Bernd war wie vor den Kopf geschlagen. Seit
drei Wochen nun immer das gleiche. Selbst in
der Schule konnte er nicht mehr aufpassen.
Mit Sabine war er doch nun schon so lange
befreundet. Seit ihrem 12. Lebensjahr kannte
er sie, also schon drei Jahre. Seine Eltern
machten diese Freundschaft nun auch schon
verantwortlich für seine schulischen Schwierigkeiten, aber da würde er sich schon wieder
fangen. Die letzte Mathe-Arbeit war doch
schon wieder besser. Und in der Abschluß-
klasse konnte er sich doch keine schlechten
Zensuren leisten. – Aber was war mit Sabine?

Was sagen die Psychologen zur Pubertät?

Für Jungen und Mädchen bedeutet die Pubertät eine gewaltige Belastung ihres seelischen
Gleichgewichts. Nicht alle Jugendlichen
können diese Phase gleich gut überwinden.
Mädchen erleben geradezu eine „negative
Zeit". Hierunter versteht man ein Suchen
nach Einsamkeit, ein Rückgang schulischer
Leistungen, ein Verträumtsein und ein Entdecken des eigenen Ichs. Eine Psychologin
gibt uns ein Beispiel aus einem Brief:

„Liebste Tante, der Sonntag ist so traurig, ich
muß jeden Sonntag weinen, weil ich jetzt
immer so traurig bin. Ich kränke mich. Und es
hat mich niemand lieb. Und die Tante hat mich
nicht lieb, und ich bin traurig und bin ganz
allein."

Jungen erleben die negative Zeit ebenfalls. Sie
ist zwar nicht so intensiv, kann jedoch das
Berufsleben späterer Jahre stark beeinflussen.
Schulschwierigkeiten, mangelnder Leistungs-
wille und Gleichgültigkeit stehen im Vorder-
grund.

98.1. Triebtäter?

98.2. Liebespaar

3. Formen des menschlichen Sexualverhaltens

Miriam ist vorsichtig

Miriam kam gerade aus der Schule, als das Auto neben ihr hielt. „Kannst du mir sagen, wo die Rudolfstraße ist?" fragte der Mann am Steuer. Er war allein. Miriam wollte ihm gerade antworten, da sagte er auch schon: „Komm, steig ein! Dann kannst du mir den Weg besser zeigen!" Der Mann hielt die Tür seines Wagens auf. Da fiel Miriam ein: Steig nie zu Fremden ins Auto, sagte Mutti immer. Sie rannte los. „Du verdammtes kleines Biest!" hörte sie den Mann noch hinter sich rufen.

Miriam hat durchaus richtig gehandelt, als sie aus Angst vor dem Fremden einfach wegrannte. Es bleibt offen, ob der Fremde wirklich nach dem Weg fragen oder aber auf diese Art und Weise das Mädchen ins Auto locken wollte. Es kommt nämlich immer wieder vor, daß Kinder sexuell mißbraucht und dann oft auch getötet werden. Miriams Mutter hatte recht: Steige nie zu einem Fremden ins Auto!

1. Wie hättest du in Miriams Situation gehandelt?

Jugendliche haben ein natürliches Geschlechtsverlangen, das im Laufe der Reifejahre immer stärker wird. Sie finden den Weg zum körperlichen Kontakt häufig im *Petting*. Hierbei streicheln und küssen sie sich so, daß sie sexuelle Erregung verspüren. Gegen die körperliche Vereinigung zeigen sie noch eine gewisse Abwehrhaltung. Seelische Gründe, moralische Bedenken, aber auch die Umgebung und mangelnde körperliche Reife beider Partner lassen die sexuelle Beziehung vorerst nicht über Petting hinausgehen.

Auch wenn der jugendliche männliche Körper Spermazellen produziert oder Mädchen im jugendlichen Alter schwanger werden können, sind regelmäßige sexuelle Partnerbeziehungen selten. Meist werden lockere Freundschaften aufgebaut, die bald wieder zerbrechen. Der Geschlechtstrieb drängt die Jugendlichen zur Aufnahme solcher Beziehungen, ihre gesamte innere Einstellung ist aber für dauerhafte Partnerbeziehungen meist noch nicht ausreichend gefestigt. Viele Jugendliche, aber auch erwachsene Menschen versuchen, ohne Partner durch Selbstbefriedigung, die auch *Onanie* oder

99.1. *Treffpunkt für Homosexuelle*

99.2. *Prostitution*

Masturbation genannt wird, einen sexuellen Höhepunkt zu erreichen. Hierbei werden Wunschvorstellungen erlebt, die dazu beitragen, auch seelische Spannungen abzubauen.

In einer Partnerschaft zwischen Mann und Frau stellt sich neben der seelischen Erfüllung auch ein körperlicher Höhepunkt ihrer Liebe zueinander ein. Beide wünschen die körperliche Vereinigung, den *Koitus*. Hierdurch erreichen sie den sexuellen Höhepunkt, den *Orgasmus*. Ihm geht ein zärtliches Liebesspiel voraus, in dem die Partner sich eng umarmen, streicheln und küssen. Die Liebe, die hierin zum Ausdruck kommt, sollte nie selbstsüchtig, sondern partnerbezogen und zärtlich sein.

In unserem Kulturkreis bestehen auch andere Formen sexuellen Verhaltens. Bei der *Homosexualität* entsteht eine Partnerbindung zwischen gleichgeschlechtlichen Personen. Die Mehrzahl der Menschen findet jedoch Zuneigung zu Menschen des anderen Geschlechts. Die sexuelle Erfüllung in Partnerbeziehungen kann in einigen Fällen besondere Formen an-

nehmen. So erreichen *Masochisten* einen sexuellen Höhepunkt nur, wenn ihnen Schmerz zugefügt wird. *Sadisten* dagegen empfinden Lust, wenn sie einem Partner Schmerzen bereiten.

Manche Männer suchen ihre sexuelle Erfüllung bei *Prostituierten*. Das sind Frauen, die Männern Liebesdienste gegen Geld anbieten. Werden Prostituierte von unserer Gesellschaft noch toleriert, so werden *Exhibitionisten* und *Voyeure* meist von Psychologen und Nervenärzten behandelt. Exhibitionisten sind Männer, die sich Mädchen oder Frauen plötzlich nähern und dabei ihre Geschlechtsorgane entblößen. Voyeure versuchen zum Beispiel abends in Schlaf- oder Baderäume zu spähen. Sie beobachten auf einsamen Plätzen Liebespaare. Nur so können sie sich sexuell erregen.

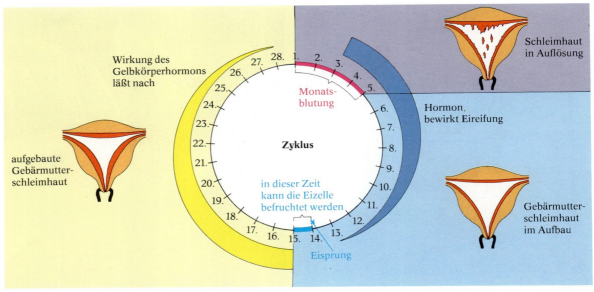

Wirkung des
Gelbkörperhormons
läßt nach

Schleimhaut
in Auflösung

**Monats-
blutung**

Hormon,
bewirkt Eireifung

27. 28. 1. 2. 3. 4. 5.
26.
25.
24.
23.
22.   **Zyklus**
21.
20.
19.
18.
17. 16. 15. 14. 13.

6.
7.
8.
9.
10.
11.
12.

aufgebaute
Gebärmutter-
schleimhaut

in dieser Zeit
kann die Eizelle
befruchtet werden

Gebärmutter-
schleimhaut
im Aufbau

Eisprung

100.1. Der Menstruationsvorgang

4. Die Menstruation

Vor einigen Tagen hatte Utas jüngere Schwester Gitte ihre erste **Menstruation** bekommen. Uta konnte ihr erklären, daß die leichten Schmerzen und das Unwohlsein, das sich bei Gitte einstellten, harmlos sind. Die *Regel, Periode* oder *Monatsblutung,* wie die Menstruation auch genannt wird, tritt nun bei Gitte in einem bestimmten *Zyklus* auf. Dies ist die Zeit vom ersten Tag der Regel bis zum Beginn der nächsten Regel. Der Zyklus kann starken Schwankungen unterworfen sein. Gewöhnlich dauert er 28 Tage. Auch ein Zyklus von 20 oder 30 Tagen kann durchaus normal sein.

Die Menstruation wird von den Geschlechtshormonen ausgelöst und geregelt. In den Eierstöcken reifen Eizellen heran. Dabei kommt es etwa in der Mitte eines Zyklus zum **Eisprung:** Eine Eizelle verläßt ihre Hülle, das *Eibläschen,* und wandert in die Gebärmutter. Das Eibläschen wird zum Gelbkörper, der nun das *Gelbkörperhormon* bildet. Die Aufgabe des Gelbkörperhormons besteht darin, die Gebärmutterschleimhaut für eine mögliche Schwangerschaft vorzubereiten. Ist die Eizelle nicht befruchtet worden, hört die Produktion von Gelbkörper-

hormon auf. Als Folge davon löst sich die vorbereitete Schleimhaut in der Gebärmutter ab. Dabei reißen kleine Gefäße, die die Schleimhaut mit Blut und Nährstoffen versorgen. Es kommt zu Blutungen. Die Menstruation hat eingesetzt. Gleichzeitig reift im Eierstock eine neue Eizelle. Dies wird durch ein anderes Hormon veranlaßt, das von der Hypophyse in die Blutbahn entlassen wird.

Während einer Schwangerschaft bleibt die Regelblutung aus. Nicht jedes Ausbleiben der Menstruation aber bedeutet eine Schwangerschaft. Aufregung, Klimawechsel, Genußmitteleinfluß und Krankheiten können das empfindliche Hormonsystem so stören, daß die Menstruation unregelmäßig auftritt oder ganz ausbleibt. Bei Störungen der Menstruation treten die Blutungen in zu großen oder zu kurzen Abständen auf. Dabei können sie entweder zu stark oder zu schwach sein. Mitunter treten ziehende oder krampfartige Schmerzen auf. Nur ein Facharzt für Frauenkrankheiten kann beurteilen, was die Ursachen für diese Unregelmäßigkeiten und Schmerzen sind.

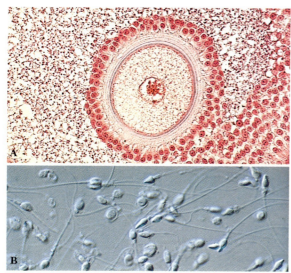

101.1. Geschlechtszellen des Menschen.
A Eizelle; B Spermazellen

5. Die Befruchtung

Bei der geschlechtlichen Vereinigung von Mann und Frau gelangen mit einem Samenerguß bis zu 500 Millionen Spermazellen in die Scheide. Mit Hilfe ihrer Geißeln wandern sie durch den Muttermund in die Gebärmutter und von dort weiter in die Eileiter. Trifft eine Spermazelle auf eine Eizelle, dringt sie in diese ein. Dabei wirft sie ihre Geißel ab. Nur eine einzige Spermazelle kann die Eizelle befruchten. Alle weiteren Spermazellen lösen sich auf.

Nach dem Eindringen der Spermazelle in die Eizelle wandern die beiden Zellkerne aufeinander zu und verschmelzen. Damit ist die **Befruchtung** erfolgt. Die beiden Kerne enthalten die Erbanlagen von Vater und Mutter.

Unmittelbar nach der Verschmelzung der beiden Geschlechtszellen beginnen auch die ersten **Teilungen** der neuen Zelle. Dieser Vorgang findet bereits im Eileiter statt. Neues Leben beginnt. Nach 6 Tagen nistet sich die vielzellige Kugel in der Gebärmutterschleimhaut ein. Nun beginnt die Zeit der *Schwangerschaft*, in der sich das Kind entwickelt.

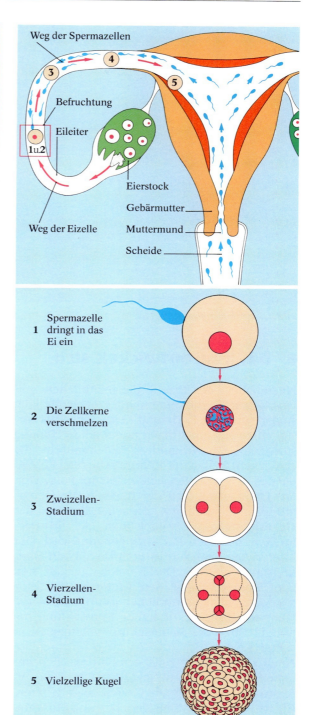

101.2. Befruchtung und erste Teilungsschritte der neuen Zelle

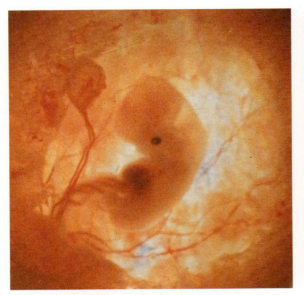

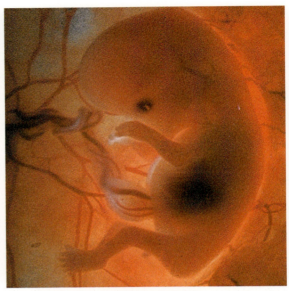

102.1. Embryo in der 7. Woche   *102.2. Embryo nach etwa 11 Wochen*

6. Das Kind entwickelt sich

Nachdem in der Eizelle die männlichen und weiblichen Kerne miteinander verschmolzen sind, beginnt die Kern- und Zellteilung. Erst entstehen zwei Zellen; nach nochmaliger Teilung sind vier Zellen vorhanden. Bald darauf sind die ersten acht Zellen des Keimes gebildet. Die Zellen des Keimes teilen sich in rascher Folge weiter. Dann nistet sich der Keim in die Gebärmutterschleimhaut ein. Zwischen ihm und der Gebärmutterwand bildet sich der **Mutterkuchen,** der auch *Plazenta* genannt wird. Der mütterliche Kreislauf ist vom kindlichen Blutkreislauf getrennt. Der Keim entwickelt sich zum **Embryo.** Über den Mutterkuchen entnimmt er dem mütterlichen Blutkreislauf die Nährstoffe, die er zu seiner Entwicklung benötigt. Durch die **Nabelschnur** gelangen sie in seinen Körper.

Nach vier Wochen zeigt der Embryo menschliche Formen. Die inneren Organe, Nerven und Sinnesorgane beginnen Gestalt anzunehmen. Ebenso entwickeln sich Knochen und Muskeln. Etwa einmal in der Sekunde schlägt schon das Herz des Embryos. Nach acht Wochen sind alle Organe ausgebildet. Die Organfunktionen und

Körperbewegungen des Embryos werden bereits vom Gehirn gesteuert und in Einklang miteinander gebracht. Um dies leisten zu können, wächst das Gehirn anfangs sehr schnell. Im Verhältnis zum übrigen Körper fällt der große Kopf auf. Die Geschlechtsorgane entwickeln sich im dritten Schwangerschaftsmonat. Man kann bereits erkennen, ob das Kind, das man nun *Fetus* nennt, männlich oder weiblich ist. Im fünften Schwangerschaftsmonat merkt die Mutter erste Körperbewegungen ihres Kindes. Im achten Monat werden vom Kind Abwehrstoffe gegen Infektionskrankheiten gebildet. Das Kind wird nun auch lebhafter und nimmt an den seelischen und körperlichen Regungen der Mutter teil.

Das werdende Kind beansprucht immer mehr Platz. Die Gebärmutter dehnt sich und preßt die mütterlichen Verdauungsorgane nach oben. Da sich durch das Gewicht des Kindes auch der Schwerpunkt des Körpers der Mutter ändert, nimmt sie bis zur Geburt eine leicht nach hinten geneigte Körperhaltung ein. Verläuft die Entwicklung des Kindes und damit auch die Schwangerschaft normal, nimmt im letzten Ab-

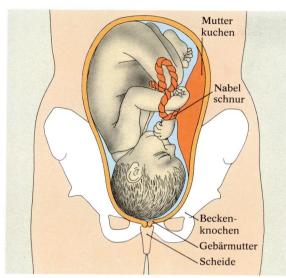

103.1. Gebärmutter mit Mutterkuchen, Nabelschnur und Kind

Zwillinge

103.2. Rainer und Rüdiger

103.3. Frank und Anne

schnitt des neunten Monats das Kind die soge-nannte Hinterhauptslage ein. In dieser Lage zeigt das Kind mit seinem Kopf nach unten zur Gebärmutteröffnung hin.

Während der embryonalen Entwicklung ist das Kind über die Nabelschnur und den Mutter-kuchen eng mit der Mutter verbunden. Ihr Ver-halten hat daher großen Einfluß auf die Ent-wicklung des Kindes. Alkohol im Blut der Mut-ter bedeutet auch Alkohol im Blut des Kindes. Raucht die Mutter, nimmt auch das Kind Niko-tin auf. Während einer Schwangerschaft ist Vor-sicht mit der Einnahme von Medikamenten ge-boten, da sie auch in den kindlichen Kreislauf übertreten. Solche Belastungen können die ge-sunde Entwicklung des Kindes stören, Fehlbil-dungen entstehen lassen oder aber geistige Schäden hervorrufen.

Verantwortungsbewußte Mütter werden die angebotenen Vorsorgeuntersuchungen und Gymnastikkurse wahrnehmen. Sie sorgen so bereits in der Schwangerschaft für die Gesund-heit ihres Kindes. Mütter, die sich auf ihr Kind freuen, können diese Freude unbewußt auch auf ihr ungeborenes Kind übertragen.

Rainer und Rüdiger sind Zwillinge. Die Eltern sagen, ihre Kinder seien eineiige Zwillinge. Aber Anne und Frank sind auch Zwillinge. Rainer und Rüdiger sehen sich zum Verwech-seln ähnlich, Anne und Frank jedoch nicht! *Eineiige Zwillinge* entstehen dadurch, daß bei den ersten Teilungen im Zwei- oder Vier-zellenstadium aus einem Keim zwei Keime entstehen. Sie entwickeln sich in den folgen-den Monaten nebeneinander in der Gebär-mutter. Da die Kinder aus einer einzigen Ei-zelle hervorgegangen sind, gleichen sie sich wie Rainer und Rüdiger.

Anders verhält es sich mit den *zweieiigen Zwillingen* Anne und Frank. Ihre Entwick-lung hat mit zwei Eizellen begonnen, die sich zur gleichen Zeit aus dem Eierstock lösten und befruchtet wurden. Deshalb können zweieiige Zwillinge körperlich und seelisch verschieden sein und auch verschiedenes Ge-schlecht haben.

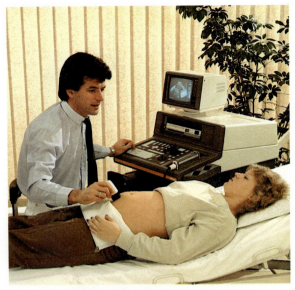

104.1. Untersuchung mit Ultraschall

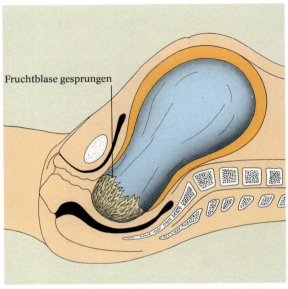

Fruchtblase gesprungen

104.2. Die Geburt beginnt

7. Die Geburt

Nach 9 Monaten endet die Schwangerschaft. Das Kind liegt nun so, daß der Kopf nach unten in Richtung des Gebärmutterausganges zeigt. Die bevorstehende Geburt kündigt sich durch **Wehen** an. Sie entstehen durch kräftiges Zusammenziehen der Gebärmuttermuskulatur.

Beim Einsetzen der Wehen wird das Kind mit der Fruchtblase zum Gebärmutterausgang gepreßt. Die Fruchtblase platzt, und das Fruchtwasser fließt ab. Danach öffnet sich langsam der Gebärmuttermund. Die **Geburt** beginnt. Das Kind wird immer kräftiger nach unten gedrückt. Durch Pressen kann die Mutter dem Kind helfen, schneller mit seinem Kopf den Scheidenausgang zu erreichen.
Ist der Kopf des Kindes geboren, tritt mit den nächsten Wehen die Schulter hervor. Der schwierigste Teil der Geburt ist jetzt für Mutter und Kind überstanden. Körper und Beine gleiten meist ohne Komplikationen durch die Scheide nach außen. Das Kind ist aber noch durch die *Nabelschnur* mit der Mutter verbunden. Die Nabelschnur wird durchtrennt; dies ist ein schmerzloser Vorgang.

Etwa 20 Minuten nach der Geburt wird der Mutterkuchen ausgetrieben. Man nennt dies die *Nachgeburt*. Der Mutterkuchen muß vollständig entfernt sein, da Reste in der Gebärmutter schwere Entzündungen hervorrufen können.
Vom Auftreten der ersten Wehen bis zum Abschluß der Geburt vergehen 10 bis 20 Stunden. Nach einer Geburt erleben Mutter und Kind ein Gefühl der Entspannung und Erholung. Meist schließt sich ein erholsamer Schlaf an, dann erst werden beide miteinander vertraut.

Gelegentlich verläuft eine Geburt nicht normal. Dann entscheidet ein Arzt, wie Mutter und Kind am besten geholfen werden kann. Durch eine ungünstige Lage des Kindes in der Gebärmutter wird manchmal eine natürliche Geburt unmöglich. Durch einen *Kaiserschnitt* öffnet der Arzt Bauchdecke und Gebärmutterwand. Aus der Gebärmutter nimmt er dann das Kind heraus. Eine Frau, die durch Kaiserschnitt entbunden hat, kann durchaus weitere Kinder auch auf natürlichem Weg gebären. Verläuft eine Geburt zu langsam, kann der Arzt mit Hilfsmitteln die

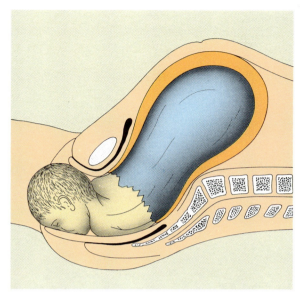

105.1. Die Geburt des Kopfes

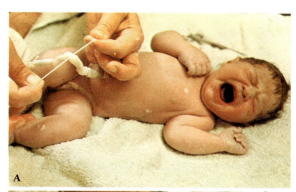

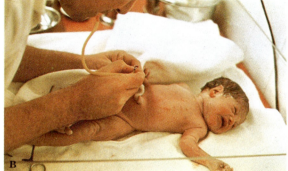

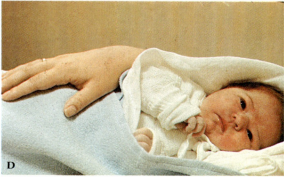

105.2. Abnabelung

Geburt beschleunigen. Mit einer *Saugglocke* zum Beispiel zieht er am Kopf des Kindes. Er unterstützt so die Geburt.

Im Normalfall entwickelt sich ein Kind im Mutterleib 9 Monate lang. In Ausnahmefällen werden Kinder auch schon nach 7 Monaten geboren. Diese zu früh geborenen Kinder, die man *Frühgeburten* nennt, werden in einen warmen und keimfreien Brutkasten gelegt. Sie sind sehr empfindlich gegenüber Krankheitserregern. Sie müssen so lange sorgfältig gepflegt werden, bis sie widerstandsfähig wie Neunmonatskinder sind. Ein Kind, das vor dem 7. Monat geboren wird, ist nicht lebensfähig. Man spricht von einer *Fehlgeburt*. Stirbt das Kind nach dem 7. Monat im Mutterleib oder wird es tot geboren, nennt man dies eine *Totgeburt*.

1. Mit einem rohen Ei und einer mit Wasser gefüllten Plastiktüte kannst du die Schutzwirkung der Fruchtblase zeigen: Bringe hierzu ein rohes Ei in eine prall mit Wasser gefüllte Plastiktüte. Verschließe sie. Versuche nun, das Ei zu ergreifen! Beschreibe deine Beobachtungen!

106.1. *Ein Säugling verlangt viel Zuwendung*

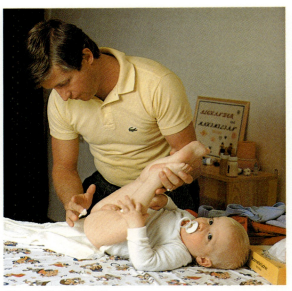

106.2. *Säuglingspflege*

8. Eltern und Kind nach der Geburt

Herr Ohle beeilt sich, schnell ins Krankenhaus zu kommen. Endlich ist sie da! Warm eingewikkelt liegt seine Tochter in ihrem Bettchen und schläft. Mutter und Tochter haben ja auch viel hinter sich!

Nachdem der Arzt kurz nach der Geburt feststellte, daß das Neugeborene gesund ist, wurde es in sein Bettchen gebracht.
Später wurde es der Mutter zum ersten Mal zum **Stillen** angelegt. Beim Stillen brauchen Mutter und Kind viel Ruhe und Geduld. Immer wieder sucht der Säugling die mütterliche Brust, um zu saugen. Hierbei spürt das Baby die Körperwärme und mütterliche Zuneigung. Es nimmt an den Bewegungen der Mutter teil, hört ihren Herzschlag und die beruhigende Stimme. Der Säugling erfährt *Liebe* und *Geborgenheit.* Bald wird er auch die Stimme des Vaters kennen und sich ihm ebenfalls zuwenden.
In dieser Zeit der Ruhe kann die Mutter mit der neuen Situation, ein Kind zu haben, vertraut werden. Ihr Körper erholt sich von der Geburt. Die inneren Organe nehmen wieder ihre ursprüngliche Lage ein.

Die Mutter muß bei ihrem Kind und bei sich selbst auf strengste Hygiene achten. Regelmäßiges *Waschen* und frische Wäsche tragen zur Verhinderung einer Infektion bei Mutter und Kind bei. Auch sollte die Mutter gymnastische Übungen machen. Sie dienen der Stärkung der Bauch- und Beckenmuskulatur.

Mutter und Kind stehen noch eine Zeitlang unter *ärztlicher Kontrolle.* Auch später sollte die Mutter die regelmäßigen *Untersuchungstermine* nicht versäumen. Größe, Gewicht und Körperfunktionen des Säuglings werden überprüft. So können gesundheitliche Schäden rechtzeitig erkannt und behandelt werden.

107.1. „Die Stufen des menschlichen Lebens". *Dieses Bild aus der Zeit um 1900 zeigt das menschliche Leben auf einer Brücke. Der Höhepunkt des Lebens soll hiernach mit dem 50. Lebensjahr erreicht sein. Heute wissen wir, daß die Intelligenz mit zunehmendem Alter noch steigen kann.*

9. Vom Kind zum Erwachsenen

Ein *Säugling* ist nach seiner Geburt noch vollkommen von seiner Mutter abhängig. Langsam erst lernt er, seine Eltern zu erkennen. Er strampelt mit Armen und Beinen. Wenn er Hunger hat oder sich nicht wohlfühlt, schreit er. Freude und Wohlbehagen kann der Säugling ebenfalls zum Ausdruck bringen. Etwa im 3. Lebensmonat lächelt das Kind seine Eltern an. Auch beginnt es, Gegenstände zu ergreifen. Langsam versucht es, den Kopf zu heben. Wenig später sitzt es in seinem Bettchen. Im 10. Monat krabbelt das Kind auf dem Boden umher. Bald zieht es sich an Tischen oder Stühlen hoch und macht seine ersten Stehversuche. Bis zum selbständigen Laufen können noch mehrere Monate vergehen.

Der Säugling entwickelt sich zum **Kleinkind.** Es dauert nicht lange, bis es Spielgefährten gefunden hat. Mit ihnen zusammen wird die nahe Umwelt erforscht. Das Kleinkind lernt, sich im Spiel mit anderen Kindern zu behaupten.
Als **Schulkind** tritt es einige Jahre später in die Schule ein. Durch diesen entscheidenden Schritt lernt es eine neue Umwelt kennen. Die einsetzende **Pubertät** beendet die Kindheit.

Die auffallende körperliche Entwicklung des **Jugendlichen** ist von einer Unsicherheit und Unruhe im geistig-seelischen Bereich gekennzeichnet. Bei Jungen und Mädchen setzen erotische Empfindungen ein, die zu Partnerbeziehungen führen können.

Der Übergang vom Jugendlichen zum **Erwachsenen** findet allmählich statt. Entscheidend ist die Loslösung vom Elternhaus. Neue Bindungen werden eingegangen. Die zunehmende Verantwortung für seine Familie und in seinem Beruf tragen hierzu bei.
Im Laufe des Erwachsenenalters erreicht der Mensch den Höhepunkt seiner körperlichen Leistungsfähigkeit. Langsam beginnt der Alterungsprozeß. Man erkennt dies an äußeren Anzeichen. Das bislang volle Haar wird dünner und zunehmend grau. Die Gesichtsfalten werden tiefer. Nicht nur nach außen hin altert der Mensch, auch die inneren Organe nehmen hieran teil. Die zunehmend gebeugte Haltung sowie das Nachlassen der Leistungsfähigkeit zeigen das **Alter** des Menschen an. Sein Leben endet mit dem Tod.

JAN	FEB	MRZ	APR	MAI	JUN	JUL	AUG	SEP	OKT	NOV	DEZ
1	1	1	1	1	✗	✗	1	1	1	1	1
2	2	2	2	2	✗	✗	2	2	2	2	2
3	3	3	3	3	✗	✗	3	3	3	3	3
4	4	4	4	4	✗	✗	4	4	4	4	4
5	5	5	5	✗	✗	5	5	5	5	5	5
6	6	6	6	✗	6	6	6	6	6	6	6
7	7	7	7	✗	7	7	7	7	7	7	7
8	8	8	8	✗	8	8	8	8	8	8	8
9	9	9	✗	9	9	9	9	9	9	9	9
10	10	10	✗	10	10	10	10	10	10	10	10
11	11	11	✗	11	11	11	11	11	11	11	11
12	12	12	✗	12	12	12	12	12	12	12	12
13	13	✗	✗	13	13	13	13	13	13	13	13
14	✗	✗	14	14	14	14	14	14	14	14	✗
✗	✗	✗	15	15	15	15	15	15	15	15	✗
✗	✗	✗	16	16	16	16	16	16	16	✗	✗
✗	✗	✗	17	17	17	17	17	17	17	✗	✗
✗	✗	✗	18	18	18	18	18	18	18	✗	✗
19	✗	19	19	19	19	19	19	19	✗	✗	✗
20	20	20	20	20	20	20	20	✗	✗	✗	20
21	21	21	21	21	21	21	21	✗	✗	✗	21
22	22	22	22	22	22	22	✗	✗	✗	22	22
23	23	23	23	23	23	23	✗	✗	✗	23	23
24	24	24	24	24	24	24	✗	✗	24	24	24
25	25	25	25	25	25	25	✗	25	25	25	25
26	26	26	26	26	26	26	✗	26	26	26	26
27	27	27	27	27	27	✗	27	27	27	27	27
28	28	28	28	28	✗	✗	28	28	28	28	28
29	29	29	29	29	✗	✗	29	29	29	29	29
30		30	30	30	✗	✗	30	30	30	30	30
31		31		31		✗	31		31		31

108.1. Regelkalender (✗ = *Menstruation*)

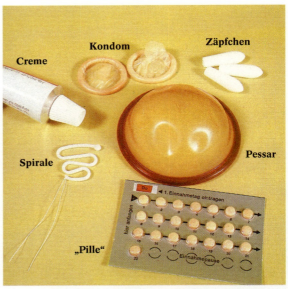

108.2. Verschiedene Empfängnisverhütungsmittel

10. Familienplanung

Es gibt Paare, die das „Kinderkriegen" nicht dem Zufall überlassen möchten. Durch **Familienplanung** können sie den Zeitpunkt bestimmen, zu dem sie Kinder haben möchten. Hierbei helfen ihnen natürliche Methoden oder empfängnisverhütende Mittel.

Frauen, die keine empfängnisverhütenden Mittel anwenden möchten, können durch Führen eines *Regelkalenders* ihre fruchtbaren und unfruchtbaren Tage feststellen. Auch die *Körpertemperatur* gibt Aufschluß über die Tage, an denen eine Empfängnis möglich ist. Zum Zeitpunkt des Eisprungs steigt die Morgentemperatur um einige Zehntel Grad Celsius an. Diese Methoden sind allerdings recht unsicher.
Für Männer ist bisher nur ein brauchbares Mittel entwickelt worden, das *Kondom*, auch *Präservativ* genannt. Dies ist eine dünne Gummihaut, die über den Penis gestreift wird. Es verhindert, daß beim Geschlechtsverkehr Spermazellen in die Scheide gelangen.

Sicherer als das Kondom sind Methoden, die Frauen anwenden können. Für sie gibt es mehrere empfängnisverhütende Mittel. Das bekannteste Empfängnisverhütungsmittel ist die „*Pille*". Sie enthält Hormone, die die Reifung einer Eizelle im Eierstock verhindern. Sie muß täglich nach Vorschrift eingenommen werden. Dies bedeutet, daß die Frau unter ärztlicher Kontrolle stehen muß.

Während die Pille nur auf ärztliches Rezept zu erhalten ist, sind empfängnisverhütende *Cremes* und *Zäpfchen* frei käuflich. Das sind Mittel, die vor dem Geschlechtsverkehr in die Scheide eingebracht werden. Dort entfalten sie dann ihre spermienabtötende Wirkung.

In den letzten Jahren wird als empfängnisverhütendes Mittel die *Spirale* häufig verwendet. Sie verhindert die Einnistung des Eies in die Gebärmutterschleimhaut. Die Spirale kann nur von einem Arzt in die Gebärmutter eingesetzt werden. Sie wird meist Frauen verordnet, die bereits Kinder geboren haben.
Ein anderes Verhütungsmittel ist das *Pessar*. Es ist eine Kappe, die die Gebärmutteröffnung verschließt.

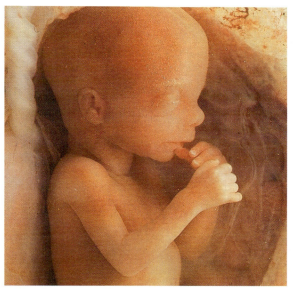

109.1. Fetus im 4. Monat

Die Abtreibung hat viele Befürworter, aber auch viele Gegner. Auf Transparenten kann man die Meinungen der verschiedenen Gruppierungen lesen:

Abtreibung ist Mord!

Mein Bauch gehört mir!

Treibt uns Frauen nicht zu Kurpfuschern!

109.2. Abtreibung – dafür und dagegen

11. Schwangerschaftsabbruch

Beim **Schwangerschaftsabbruch** wird durch eine ärztliche Maßnahme der Embryo aus der Gebärmutter entfernt. Er stellt jede schwangere Frau vor schwere seelische, moralische und gesundheitliche Probleme. Durch ihn wird Leben an seiner Weiterentwicklung gehindert und getötet.

Die *Abtreibung*, wie der Schwangerschaftsabbruch auch genannt wird, ist im § 218 des Strafgesetzbuches gesetzlich geregelt. Nur Ärzten ist unter bestimmten Bedingungen eine Abtreibung erlaubt:

– Das Leben der Schwangeren ist in Gefahr oder würde durch eine Geburt schwerwiegend beeinträchtigt.

– Das Kind würde durch seine Erbanlagen oder sonstige schädigende Einflüsse vor der Geburt an nicht behebbaren gesundheitlichen Schäden leiden.

– Frauen, Mädchen unter 14 Jahren oder geistig und körperlich Behinderte sind durch Vergewaltigung schwanger geworden.

– Es besteht für die Schwangere eine schwerwiegende Notlage. Diese kann in den häuslichen Verhältnissen, in ihrer Familien- und Partnerbeziehung oder bei Jugendlichen in schweren Belastungen für das weitere Leben bestehen.

Sollte die Entscheidung für einen Schwangerschaftsabbruch fallen, so muß eine genaue ärztliche Beratung vorangegangen sein. Die Frau muß sich der Verantwortung bewußt sein, die sie gegenüber dem schon weit entwickelten Embryo hat. In einer sozialen Beratung werden Schwangere auf Hilfen aufmerksam gemacht, die ihnen in ihrer Lage Erleichterungen schaffen können. Auch hierdurch sind manche Abtreibungen schon vermieden worden. Solche Beratungsstellen finden sich bei Gesundheits-, Jugend- oder Sozialämtern und bei konfessionellen Verbänden.

1. Diskutiere die Aussage eines Jungen: „Mit den Empfängnisverhütungsmitteln, das ist mir egal. Wenn was passiert, kann man ja abtreiben lassen. Im übrigen ist das Sache des Mädchens!"

Mensch und Gesundheit

110.1. Nahrungsmittel

1. Richtiges und falsches Ernährungsverhalten

1.1. Unsere Nahrungsmittel enthalten verschiedene Nährstoffe

Sicherlich hast du schon einmal in einem Lebensmittelgeschäft die große Anzahl verschiedener Nahrungsmittel gesehen. Diese Vielzahl kann man in drei Gruppen einteilen: in kohlenhydratreiche, fettreiche und eiweißreiche Nahrungsmittel. Kohlenhydrate, Fette und Eiweiße bezeichnet man als **Nährstoffe.**
Brot, Brötchen, Reis, Kartoffeln, Kuchen und Süßigkeiten sind kohlenhydratreiche Nahrungsmittel. Sie enthalten Zucker und Stärke. Dein Körper braucht diese **Kohlenhydrate.** Sie liefern die die nötige Kraft, damit du laufen, heben, spielen oder bei den Schularbeiten nachdenken kannst.
Auch **Fette** sind solche „Kraftspender". Allerdings kann dein Körper aus Fetten doppelt so viel Kraft beziehen wie aus der gleichen Menge an Kohlenhydraten. Daher solltest du Nahrungsmittel, die viel Fett enthalten, nur sparsam verwenden. Speck, Butter, Margarine, viele Wurstsorten oder Nüsse sind sehr fettreich. Fette können aber auch in flüssiger Form vor-

kommen. Man bezeichnet sie dann als Öle. Überschüssige Fette werden als „Fettpolster" im Körper abgelagert. Das trifft auch für ein Übermaß an Kohlenhydraten zu, da der Körper überschüssige Kohlenhydrate in Fette umwandeln kann.

Von Fetten und Kohlenhydraten allein kann der Mensch nicht leben. Da alle Zellen **Eiweißstoffe** enthalten, sind diese für den Aufbau des Körpers unerläßlich. Zu den besonders eiweißreichen Nahrungsmitteln gehören Fleisch, Fisch, Eier, Käse und Quark.

Im Eiklar des Eies kommt Eiweiß in besonders reiner Form vor. Süßigkeiten enthalten oft in erster Linie Zucker. Für unsere Ernährung sind Nahrungsmitttel, die in ausgewogenem Verhältnis alle drei Nährstoffe enthalten besser, als solche mit nur einem Nährstoff. Da die Nährstoffe aber in den Nahrungsmitteln eingeschlossen sind, sind Verdauungsvorgänge notwendig, die die Nährstoffe aus den Nahrungsmitteln herauslösen und sie so zerkleinern, daß sie vom Körper aufgenommen werden können.

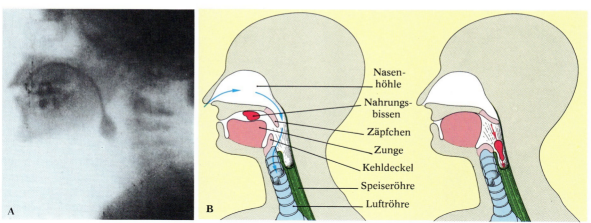

111.1. Schluckvorgang. A Röntgenbild; B Schema

1. Lege die Innenfläche deiner Hand an die Kehle! Achte auf Lage und Bewegung deines Kehlkopfes:
a) in Ruhe, b) beim Schlucken! Berichte!

2. Was passiert beim „Verschlucken"? Erläutere, wie das „Verschlucken" normalerweise verhindert wird!

1.2. Verdauungsorgane verarbeiten die Nahrung

Hast du dir schon einmal Gedanken darüber gemacht, was mit dem Wurstbrot, das du in der Pause gegessen hast, im Körper alles geschieht? Verfolgen wir dazu den Weg des Brotes durch den Körper.

Im **Mund** wird es zunächst durch die Zähne zerkleinert und anschließend beim Kauen mit *Speichel* durchmischt. Drei Paar Speicheldrüsen sondern täglich etwa 1,5 Liter Speichel ab. Dieser macht den Bissen gleitfähig. Speichel sorgt auch für eine erste Zerlegung von bestimmten Nährstoffen in deinem Pausenbrot. Diesen Vorgang nennt man **Verdauung.** Im Speichel sind Wirkstoffe enthalten, die das Kohlenhydrat Stärke in Zucker zerlegen können. Erst in Form von Zucker werden Kohlenhydrate vom Körper aufgenommen. Solche Wirkstoffe, die Nährstoffe zerlegen, nennt man **Enzyme.**

Ein Enzym zerlegt jeweils nur einen bestimmten Nährstoff. So wirkt das Enzym im Speichel ausschließlich auf Kohlenhydrate. Fette und Eiweiße werden von ihm nicht angegriffen.

Der zerkleinerte und eingespeichelte Bissen rutscht anschließend in die *Speiseröhre.* Sie ist kein starrer Schlauch, sondern ihre Wände können sich in regelmäßigen Abständen zusammenziehen. Dadurch wird die Speise fortlaufend schubweise nach unten in den Magen gedrückt.

Im **Magen** werden die einzelnen Brotbissen zu einem Brei vermischt und tüchtig durchgeknetet. Dafür sorgen die Schleimhautfalten zusammen mit der kräftigen Muskulatur der Magenwände. Der Magen kann bis zu 2 Liter Speisebrei aufnehmen. Dieser verweilt hier längere Zeit, so daß die Verdauung fortgesetzt werden kann. Hierzu sondern viele kleine Drüsen in der Magenschleimhaut täglich etwa 2 Liter Magensaft ab. Er enthält neben Enzymen auch stark verdünnte Salzsäure. Sicherlich hast du diesen sauer schmeckenden Bestandteil des Magensaftes beim Aufstoßen oder bei „Sodbrennen" schon einmal gespürt. Durch die Säure werden viele mit der Nahrung aufgenommene Bakterien abgetötet.

Außerdem bringt die Salzsäure das Eiweiß im Nahrungsbrei zum Gerinnen. Erst in diesem

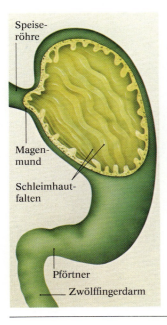

*Speise-
röhre*

*Magen-
mund*

*Schleimhaut-
falten*

Pförtner

Zwölffingerdarm

112.1. Bau des Magens

3. Beschreibe die Lage deines Magens im Körper!

4. Beschreibe den Aufbau des Magens! Erläutere die besonderen Aufgaben der Schleimhautfalten!

Zustand können Enzyme auf das Eiweiß einwirken. Es erfolgt eine Zerlegung in kleinere Bestandteile. Die Enzyme wirken im Magen nur auf Eiweiße ein. Kohlenhydrate und Fette können von ihnen nicht zerlegt werden. Am Magenausgang sitzt ein ringförmiger Muskel, der sich in bestimmten Zeitabständen öffnet und schließt. Dabei gelangen kleine Portionen des Speisebreies in den Darm.

Sein erster Abschnitt heißt **Dünndarm.** Er ist 3 bis 4 m lang und verläuft gewunden in Darmschlingen. Er beginnt mit dem Zwölffingerdarm. In ihn münden zwei wichtige Verdauungsdrüsen: die Leber und die Bauchspeicheldrüse. Die *Leber* erzeugt bitter schmeckende Gallenflüssigkeit, die *Galle*. Sie wird in der *Gallenblase* gespeichert und nach Bedarf abgegeben. Galle ist kein Enzym. Sie hat die Aufgabe, das Fett in kleine Tröpfchen zu zerteilen.

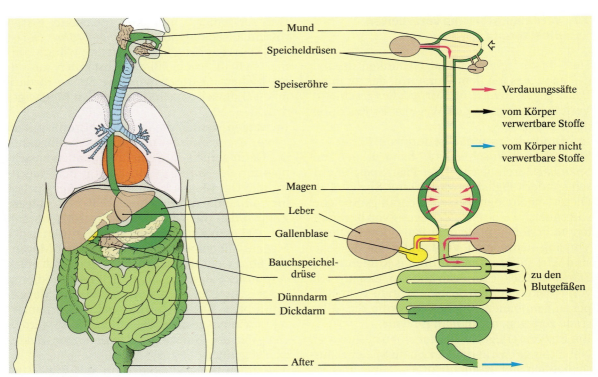

Mund

Speicheldrüsen

Speiseröhre

— Verdauungssäfte

— vom Körper verwertbare Stoffe

— vom Körper nicht verwertbare Stoffe

Magen

Leber

Gallenblase

Bauchspeicheldrüse

Dünndarm

Dickdarm

zu den Blutgefäßen

After

112.2. *Verdauungskanal* (schematische Darstellung)

Das fettspaltende Enzym kann so besser einwirken.

Die *Bauchspeicheldrüse* sondert den Bauchspeichel ab. Drüsen des Zwölffingerdarms bilden den Darmsaft. Beide Flüssigkeiten enthalten Enzyme, die alle bisher noch nicht verarbeiteten Kohlenhydrate, Fette und Eiweiße zerlegen.

Nach dem Aufspalten in kleine Bausteine können nun alle Nährstoffe vom Körper aufgenommen werden. Dies geschieht im Dünndarm durch die *Darmzotten.* Die Nährstoffe gelangen ins Blut, und der Blutstrom transportiert sie zu allen Körperzellen.

Die unverdaulichen Reste werden in den **Dickdarm** befördert. Er entzieht dem flüssigen Brei den größten Teil des Wassers.

Im Mastdarm sammeln sich die unverdaulichen Reste. Sie werden durch den After als Kot ausgeschieden.

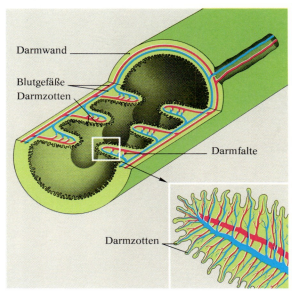

113.1. Bau des Dünndarms

5. Stelle eine Stärkeaufschwemmung her! Gib dazu 1 g Stärke in 100 ml Wasser! Rühre gut um und erhitze die Lösung!
Gieße einen Teil der Aufschwemmung in zwei Reagenzgläser! Gib in das erste Reagenzglas 3 Tropfen Iodlösung! – Notiere deine Beobachtung!
Laß dir vom Lehrer etwas Ptyalinlösung oder Speichellösung geben! Ptyalin nennt der Chemiker das im Speichel enthaltene Enzym. Füge diese Lösung dem zweiten Reagenzglas hinzu! Schüttle um und lasse etwa 2 Minuten einwirken! Prüfe nun auch den Inhalt des zweiten Reagenzglases mit Iodlösung! Vergleiche die Ergebnisse!
Erkläre deine Beobachtungsergebnisse!

6. Gib je drei erbsengroße Stücke von einem gekochten Ei in drei Reagenzgläser!
Gib in das erste Reagenzglas Leitungswasser!
Füge zum Inhalt des zweiten und dritten Reagenzglases etwas Pepsinlösung hinzu! Pepsin nennt der Chemiker ein Enzym des Magensaftes, das Eiweiß zerlegt.
In das dritte Reagenzglas gib zusätzlich etwas verdünnte Salzsäure!
Erwärme die Reagenzgläser im Wasserbad 15 Minuten lang bei ca. 37° C!
Erläutere deine Beobachtungen!

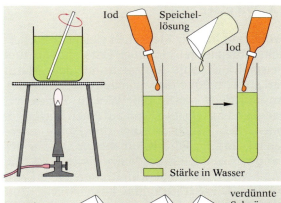

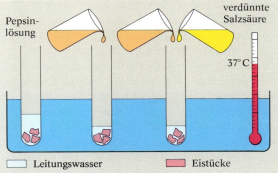

113.2. Versuche zur Verdauung

114.1. Übergewicht

114.2. Büroarbeit

1. Nenne Berufe, die wenig körperliche Arbeit erfordern!

1.3. Wir essen zuviel

Früher mußten die Menschen viel mehr körperliche Arbeit leisten als heute. Der Landwirt zum Beispiel, der seine Kartoffeln auf dem Markt verkaufte, erntete diese zunächst eigenhändig. Anschließend wurde die Ware in Säcke verpackt und mit eigener Kraft auf einen Wagen geladen. Schließlich wurden die Pferde angeschirrt, und im Fünf-Kilometertempo fuhr der Landwirt zum nächsten Markt. Dort mußte die Ware wieder abgeladen und morgens verkauft werden. Diese Tätigkeiten kosteten viel Zeit und Kraft. Heute werden Kartoffeln mit Maschinen geerntet, automatisch in 5-kg-Beutel verpackt, auf einem Anhänger gestapelt und anschließend von einem LKW zur nächsten Zentrale gefahren. Der Landwirt braucht sich um den weiteren Verkauf nicht mehr zu kümmern. Auch heute noch ist der Arbeitsaufwand in der Landwirtschaft beträchtlich, doch der körperliche Einsatz ist wesentlich geringer. In vielen anderen Bereichen des täglichen Lebens erleichtert uns die Technik ebenfalls die Arbeit. Trotzdem ernähren sich viele Menschen

immer noch so, als ob sie schwerste körperliche Arbeit verrichten müßten. Der Körper kann die zuviel eingenommene Nahrung nicht mehr verbrauchen und speichert die überflüssigen Nährstoffe als Fett.

Normalerweise sind in einer gemischten Kost aus Brot, Fleisch, Gemüse, Kartoffeln und Obst alle lebenswichtigen Stoffe in ausreichender Menge enthalten. Lebt man allerdings hauptsächlich von Pommes frites, so wird unser Körper nur einseitig ernährt, und es treten **Mangelerscheinungen** auf.

Unserem Körper dürfen wir täglich nur soviel Nahrung zuführen, wie er tatsächlich benötigt. Das aber hängt von Art und Dauer unserer Tätigkeiten ab. Selbst beim Schlafen wird Energie verbraucht, denn alle Lebensvorgänge wie Atmung, Verdauung und Kreislauf müssen weiter in Gang gehalten werden. Die bei vollkommener Körperruhe benötigte Energiemenge bezeichnet man als **Grundumsatz.** Sobald wir aber mehr leisten müssen – zum Beispiel durch Sitzen, Gehen, körperliche und geistige Arbeit – verbrauchen wir auch mehr Energie. Dieser zusätzliche Energieverbrauch wird als **Leistungs-**

115.1. Bauarbeiter

2. Nenne Berufe, die auch heute noch großen körperlichen Einsatz erfordern!

umsatz bezeichnet. Es leuchtet ein, daß ein Schwerarbeiter einen höheren Leistungsumsatz als ein „Schreibtischarbeiter" hat.

Der Grundumsatz wird nach einer Formel errechnet. Für viele Berufe und Tätigkeiten ist zudem der Leistungsumsatz bekannt, so daß du die pro Tag oder Minute notwendige Energiemenge berechnen kannst.

Zählst du Grund- und Leistungsumsatz zusammen, so erhältst du den **Gesamtumsatz.** Nimmt ein Mensch auf die Dauer mehr Nahrung zu sich als für den Gesamtumsatz benötigt wird, so entsteht schnell das gesundheitsgefährdende *Übergewicht.*

3. Nenne Lebensvorgänge, die den Grundumsatz ausmachen!

4. Befrage ältere Menschen über ihre Arbeits- und Eßgewohnheiten in früheren Jahren. Schreibe die Aussagen auf und vergleiche sie mit deinen Gewohnheiten heute!

Womit ein Esser rechnen soll

Die Maßeinheit für Energie heißt **Joule.**

- Um 1 g Wasser um 1° C zu erwärmen, muß man 4,2 Joule (J) als Wärme zuführen.
- Um 1 kg Wasser um 1° C zu erwärmen, muß man 4,2 Kilojoule (kJ) zuführen.

Grundumsatz: Energieverbrauch des Körpers bei völliger geistiger und körperlicher Ruhe. Er beträgt 4,2 kJ in der Stunde pro kg Körpergewicht.

Leistungsumsatz: Energieverbrauch, der über den Grundumsatz hinausgeht.

Gesamtumsatz: Summe von Grund- und Leistungsumsatz

Beispiel: Schüler – 13 Jahre – 50 kg – normaler Schultag

Grundumsatz pro Tag:
4,2 kJ × 50 × 24   = 5040 kJ
Leistungsumsatz pro Tag: = 6960 kJ

Gesamtumsatz pro Tag: = 12 000 kJ

Tätigkeit	Umsatz pro Minute
Nähen	6 kJ
Treppensteigen	44 kJ
Radfahren (20 km/h)	40 kJ
Tanzen	30 kJ
Fußballspielen	36 kJ

115.2. Durchschnittlicher Leistungsumsatz bei verschiedenen Tätigkeiten

Beruf	Umsatz pro Tag
Bürokraft	10 000 kJ
Lehrer	11 500 kJ
Schüler	12 000 kJ
Hausfrau	12 500 kJ
Schwerarbeiter	17 000 kJ

115.3. Durchschnittlicher Gesamtumsatz verschiedener Berufe

5. Berechne deinen Grundumsatz!

6. Wieviel Energie verbraucht ein Radfahrer, der eine halbe Stunde lang mit 20 km/h fährt?

7. Wie lange mußt du mit dem Rad fahren, um 2000 kJ „abzutrimmen"?

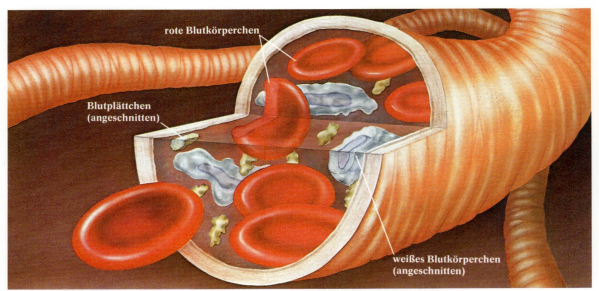

116.1. Blutbestandteile in einem kleinen aufgeschnittenen Blutgefäß (Schema)

2. Versorgung des Körpers durch Blutkreislauf und Atmung

2.1. Blut – ein „fließendes Organ"

Kennst du auch Leute, die kein Blut ansehen können? Schon beim kleinsten Blutstropfen werden sie kreidebleich und bekommen „weiche Knie". Trotzdem wissen sie natürlich, daß man ohne Blut nicht leben kann.
Die Hauptaufgabe des Blutes besteht darin, unsere Zellen mit Sauerstoff und Nährstoffen zu versorgen, sowie Kohlenstoffdioxid und andere Abbaustoffe von ihnen abzutransportieren. Die Blutmenge, die dazu zur Verfügung steht, beträgt beim Erwachsenen etwa 5 bis 6 Liter. Das ist etwa ein Zwölftel des Körpergewichtes. Das Blut durchströmt ständig den gesamten Körper in einem System von Blutgefäßen.

Auf den ersten Blick wirkt Blut wie roter „Saft". Würde man ungerinnbar gemachtes Blut jedoch in einem Glasgefäß stehenlassen, könnte man bald feststellen, daß es aus *flüssigen* und *festen* Bestandteilen besteht. Die festen Blutbestandteile setzen sich nämlich nach einiger Zeit auf dem Boden des Gefäßes ab. Sie machen knapp die Hälfte der Blutmenge aus.

Bei einer mikroskopischen Untersuchung fallen die kreisrunden **roten Blutkörperchen** auf. Sie sind so klein, daß in einem Tropfen Blut von der Größe eines Stecknadelkopfes ($1 mm^3$) etwa 5 Millionen Stück vorkommen. Die roten Blutkörperchen enthalten den roten Blutfarbstoff *Hämoglobin.* Er hat die Fähigkeit, Sauerstoff in der Lunge locker an sich zu binden und dort, wo er gebraucht wird, wieder abzugeben. Die roten Blutkörperchen sind also für den *Sauerstofftransport* unerläßlich.
Seltener als die roten sind die **weißen Blutkörperchen.** In $1 mm^3$ Blut findet man normalerweise 6000 bis 8000 dieser farblos aussehenden weißen Blutkörperchen. Sie sind größer als die roten Blutkörperchen und können sich selbständig – wie Amöben – bewegen. Das ermöglicht ihnen, durch Poren der feinsten Blutgefäße zu schlüpfen und das Gewebe des Körpers zu „durchstreifen". Eingedrungene Krankheitserreger zum Beispiel umschließen sie mit ihrem Körper und vernichten sie. Die *Bekämpfung von Krankheitskeimen* ist ihre wichtigste Aufgabe. Bei einer Infektionskrankheit treten sie im Blut vermehrt auf.

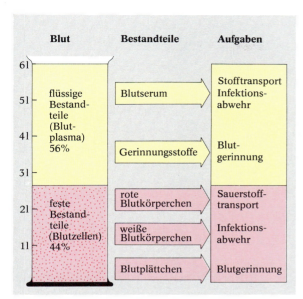

117.1. Bestandteile und Aufgaben des Blutes

Blut unter dem Mikroskop

Zu Blutuntersuchungen entnimmt der Arzt aus der Fingerkuppe oder aus dem Ohrläppchen etwas Blut. Es wird – wie in der Abbildung dargestellt – auf einem Objektträger ausgestrichen. Dieser **Blutausstrich** wird bei mindestens 500facher Vergrößerung unter dem Mikroskop untersucht.

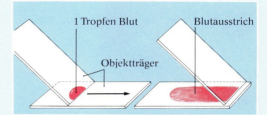

117.2. Herstellung eines Blutausstriches

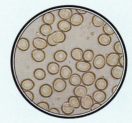

Blutzellen (ungefärbt). *Im Präparat sind nur rote Blutkörperchen erkennbar. Farbe: schwach gelbrot. Form: kreisrund (Aufsicht) oder hantelförmig (Seitenansicht). Sie besitzen keinen Zellkern.*

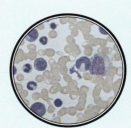

Blutzellen (angefärbt). *Nach dem Anfärben erkennt man auch weiße Blutkörperchen. Alle besitzen einen Zellkern. Die Zellkerne treten in rundlicher bis länglichgekrümmter Form deutlich hervor.*

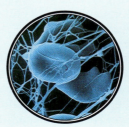

Geronnenes Blut. *Bei sehr starker Vergrößerung im Elektronenmikroskop erkennt man das Fibrinnetz mit darin hängengebliebenen roten Blutkörperchen.*

Die dritte Gruppe der festen Blutbestandteile bilden die **Blutplättchen.** Sie sind wesentlich kleiner als die roten Blutkörperchen und erfüllen eine wichtige Aufgabe: Sie leiten bei Verletzungen die *Blutgerinnung* ein. Es bildet sich ein netzartiges Maschenwerk in der Wunde, das aus dem Eiweißstoff *Fibrin* besteht. Darin verfangen sich Blutkörperchen und bilden einen Verschluß: Die Blutung hört auf.

Die Blutflüssigkeit, in der alle festen Bestandteile des Blutes schwimmen, heißt **Blutplasma.** Es ist eine hellgelbe, klare Flüssigkeit. Blutplasma besteht zum größten Teil aus Wasser. Es transportiert gelöste Nährstoffe wie Traubenzucker und Eiweißbausteine, aber auch Abfallstoffe wie Kohlenstoffdioxid und Harnstoff. Blutplasma enthält darüber hinaus Mineralsalze, Vitamine, Hormone und Abwehrstoffe gegen Infektionskrankheiten. Entfernt man aus dem Blutplasma die Gerinnungsstoffe, erhält man das **Blutserum.**

Das Blut besteht also aus verschiedenen Zellen sowie Blutflüssigkeit und erfüllt verschiedene Aufgaben. Man kann es deshalb auch als „fließendes Organ" bezeichnen.

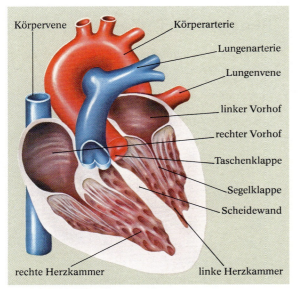

118.1. Herz des Menschen (Längsschnitt)

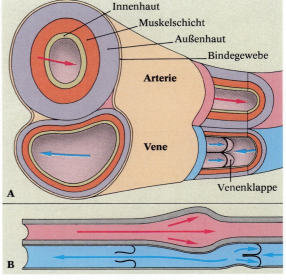

118.2. Bau von Arterien und Venen

2.2. Das Herz treibt den Blutkreislauf an

Unser Herz schlägt ununterbrochen. Deshalb kannst du jederzeit den Herzschlag als „Puls" am Handgelenk fühlen. Bei Erwachsenen schlägt das Herz 60 bis 70 mal pro Minute. Diese Schlagzahl kann sich bei Anstrengungen erhöhen und bei äußerster Belastung sogar mehr als verdoppeln.

Das **Herz** ist ein Hohlmuskel. Wenn du deine Hand zur Faust ballst, bekommst du eine ungefähre Vorstellung von seiner Größe. Eine *Scheidewand* trennt das Herz in zwei Hälften. Jede Seite besitzt einen *Vorhof* und eine *Herzkammer. Herzklappen* sorgen dafür, daß das Blut immer nur in eine Richtung fließen kann. Zwischen Vorhöfen und Herzkammern befinden sich *Segelklappen*, während am Ausgang der Herzkammern *Taschenklappen* sitzen.

Das Herz bildet den Mittelpunkt des **Blutgefäßsystems.** Alle Gefäße, die das Blut vom Herzen fortleiten, nennt man *Schlagadern* oder **Arterien.** Sie haben elastische, muskulöse Wände. Die Adern, die das Blut zum Herzen zurückführen, bezeichnet man als **Venen.** Ihre Wandungen

sind dünn. In regelmäßigen Abständen besitzen sie *Venenklappen.* Die Venenklappen verhindern, daß das Blut zurückströmt; denn es muß aus verschiedenen Körperteilen nach oben – also entgegen der Schwerkraft – fließen.

Das Herz versorgt zwei Kreisläufe, den Körperkreislauf und den Lungenkreislauf. Beim **Körperkreislauf** wird aus der linken Herzkammer sauerstoffreiches Blut in die Körperarterien gepreßt. Über Verzweigungen und feinste Verästelungen, die *Haargefäße* oder **Kapillaren,** erreicht es die Zellen aller Körperbereiche. Dort wird Sauerstoff abgegeben und Kohlenstoffdioxid aufgenommen. Schließlich gelangt das Blut über Körpervenen zurück zum rechten Vorhof.

Im **Lungenkreislauf** erreicht kohlenstoffdioxidreiches Blut aus dem Körper über die Lungenarterie die Lunge. Hier wird Kohlenstoffdioxid abgegeben und Sauerstoff aufgenommen. Danach fließt das Blut über die Lungenvene zur linken Vorkammer zurück. Der Kreislauf des Blutes ist damit geschlossen.

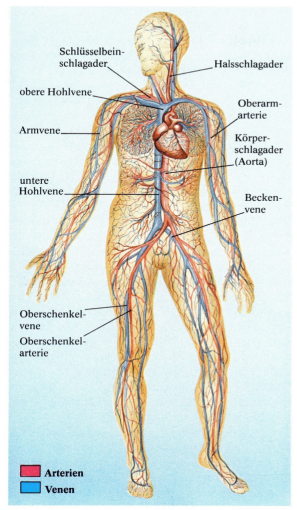

Schlüsselbein-
schlagader

Halsschlagader

obere Hohlvene

Oberarm-
arterie

Armvene

Körper-
schlagader
(Aorta)

untere
Hohlvene

Becken-
vene

Oberschenkel-
vene

Oberschenkel-
arterie

■ Arterien
■ Venen

119.1. Blutgefäßsystem des Menschen

Kopf, Gehirn

obere
Körperhälfte

Lungenkreislauf

Lungenflügel

Lungenvene

Körperkreislauf

Lungenarterie

Vorkammer

Körper-
schlagader

Herzkammer

rechts

links

Körpervene

Magen, Leber
Milz, Darm

Nieren

untere
Körperhälfte

119.2. Blutkreislauf des Menschen (Schema)

Beim Herzschlag füllen sich also zunächst beide Vorhöfe mit Blut aus der Körpervene beziehungsweise Lungenvene. Dann öffnen sich die Segelklappen, so daß das Blut in die Herzkammern strömt. Die Herzkammern ziehen sich nach ihrer Füllung zusammen. Die Segelklappen schließen sich wieder; dadurch wird der Rückfluß des Blutes verhindert. Gleichzeitig geben die Taschenklappen den Weg des Blutes in die Arterien frei. Danach beginnt wieder ein neuer Pumpvorgang. Mit jedem Herzschlag befördert das Herz etwa $^1/_{10}$ Liter Blut durch die Gefäße.

1. Stelle fest, wie oft dein Herz pro Minute schlägt. Vergleiche: Schlagzahl im Ruhezustand und nach 10 raschen Kniebeugen!

2. Berechne, wieviele Liter Blut pro Minute, Stunde, Tag,... durch dein Blutgefäßsystem gepumpt werden. Mit einem Herzschlag wird etwa $^1/_{10}$ Liter Blut befördert. Veranschauliche die Leistung deines Herzens mit folgenden Vergleichswerten: Wassereimer = 10 Liter, 1 m³ = 1000 Liter, Tanklastzug = 20 000 Liter!

3. Beschreibe mit Hilfe der Abbildung 118.2., wie Blut in den Gefäßen transportiert wird!

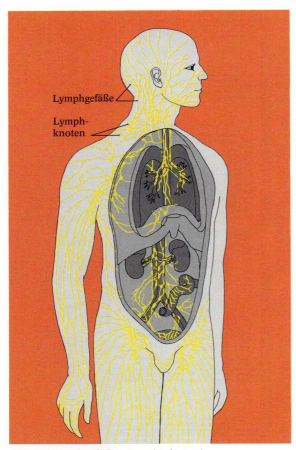

120.1. Lymphgefäßsystem (Schema)

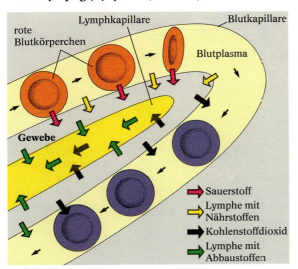

120.2. Stoffaustausch im Gewebe (Schema)

2.3. Lymphe – wozu dient sie?

Das Blut erreicht selbst über die winzigen Blutkapillaren nicht jede einzelne Zelle. Hier fängt der Aufgabenbereich der **Lymphe** an:
Die Zellzwischenräume sind mit einer gelblichklaren Flüssigkeit ausgefüllt. An oberflächlichen Hautabschürfungen tritt sie mitunter aus oder sie sammelt sich in Brandblasen an. Diese Flüssigkeit ist ein Bestandteil des Blutes und gelangt durch die Wände der Blutkapillaren in das Gewebe. Hier umspült sie die Zellen. Da die Lymphe sehr nährstoffhaltig ist, führt sie den Zellen auf diese Weise Nährstoffe zu.
Der Abtransport der Lymphe erfolgt in besonderen Bahnen, die alle Körperbereiche durchziehen. Diese Lymphbahnen beginnen im Gewebe als feine *Lymphkapillaren* und vereinigen sich nach und nach zu aderartigen **Lymphgefäßen.** Sie besitzen Klappen, so daß die Lymphe nur in eine Richtung fließen kann. Wie bei den Venen sorgen die Druckwellen benachbarter Arterien für den Vortrieb. Ein eigenes Pumporgan wie das Herz fehlt. Die Lymphe fließt deshalb nur langsam und schubweise voran. Schließlich gelangt sie in der Nähe des Herzens in den Blutkreislauf, denn hier münden große Lymphgefäße in die Venen ein.
An bestimmen Stellen, zum Beispiel am Hals, unter den Achseln und in der Leistenbeuge, durchströmt die Lymphe zahlreiche **Lymphknoten.** Sie wirken wie Filter und fangen Krankheitserreger und Fremdkörper ab. In den Lymphknoten werden außerdem weiße Blutkörperchen gebildet, die die Krankheitsabwehr unterstützen. Normalerweise fallen diese Lymphknoten kaum auf. Als Folge einer Infektion aber schwellen sie gelegentlich erbsengroß an, werden hart und schmerzen. – Auch die Gaumenmandeln gehören zum **Lymphsystem** und werden bei einer Infektion dick und rot, manchmal auch eitrig.
Breitet sich von einer Wunde eine Entzündung aus, läßt sie sich beispielsweise an den Gliedmaßen, wo die Lymphbahnen dicht unter der Haut verlaufen, als roter Streifen verfolgen. Häufig spricht man dann von einer „Blutvergiftung", obwohl es sich um eine Entzündung der Lymphbahn handelt.

2.4. Erkrankungen von Herz und Kreislauf

Früher waren Todesfälle aufgrund von Herz-Kreislauf-Erkrankungen viel seltener. Heute werden jährlich mehr als 500 000 Menschen in der Bundesrepublik Deutschland wegen einer solchen Krankheit behandelt. Durchschnittlich alle vier Minuten stirbt sogar ein Mensch am Herzinfarkt. Das sind pro Tag etwa 360 Infarkt-Tote – 130 000 im Jahr. Bei jedem achten männlichen Erwachsenen ist der Herzinfarkt die Todesursache. Krebs und Tuberkulose zusammen fordern weniger Opfer. Die Herz-Kreislauf-Erkrankungen gehören deshalb zu den gefährlichsten Krankheiten unserer Zeit, den sogenannten **Zivilisationskrankheiten** (s. S. 130).

Krankheiten der Kreislauforgane kommen aber nicht wie ein Blitz aus heiterem Himmel, sondern entstehen oft langsam als Folge ungesunder Lebensweise. Lange Zeit lebt man schmerzlos und beschwerdefrei. Ein Warnzeichen ist aber meist zu *hoher Blutdruck*.

Ärzte haben festgestellt, daß Herz-Kreislauferkrankungen durch sogenannte **Risikofaktoren** begünstigt wird. Dazu zählen *Rauchen* und übermäßiger *Alkoholgenuß*, *Übergewicht* und *Bewegungsmangel*. Auch Ärger, Aufregung, Hetze sowie dauernder seelischer Druck, oft *Streß* genannt, gehören dazu. Je mehr Risikofaktoren zusammentreffen, desto gefährdeter ist der Betroffene.

Vielen Belastungen in Schule und Freizeit kann man nicht einfach ausweichen. Wenn du aber einer Herz-Kreislauf-Erkrankung vorbeugen willst, muß du möglichst viele Risikofaktoren in deiner Lebensweise ausschalten. Durch sportliche Betätigung, Entspannung und ausreichenden Schlaf kannst du einseitige Belastungen ausgleichen.

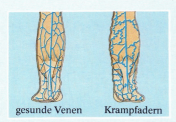

gesunde Venen   Krampfadern

Krampfadern sind verdickte, geschlängelte und oft blaurot hervortretende Venen unter der Haut. Besonders häufig leiden daran Menschen, die vorwiegend stehende und bewegungsarme Tätigkeiten ausführen müssen. Bei ihnen kommt es hauptsächlich in den Füßen und Unterschenkeln zu Blutstauungen. Diese führen dazu, daß sich die dort befindlichen Venen krankhaft erweitern. Schließlich versagen auch die Venenklappen, so daß der Rückfluß des Blutes zum Herzen gestört ist.

Die **Arterienverkalkung** ist die häufigste Blutgefäßkrankheit. Sie tritt meist erst bei älteren Menschen auf. Im Laufe des Lebens lagern sich in den Wänden der Arterien Stoffe ab, die sie verhärten. Dadurch verlieren sie nach und nach ihre Fähigkeit, sich bei jedem Blutstoß elastisch zu erweitern. Später behindern Kalkablagerungen den Blutdurchfluß zunehmend und lassen die Arterien brüchig werden. Als Folge mangelnder Durchblutung von Organen treten zahlreiche Erkrankungen auf.

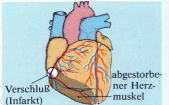

Verschluß
(Infarkt)
abgestorbener Herzmuskel

Ein **Herzinfarkt** ist die Folge von Durchblutungsstörungen am Herzen. Sie entstehen, wenn Herzkranzgefäße, die den Herzmuskel versorgen, verstopfen. Die von der Blutversorgung abgeschnittenen Teile des Herzens werden gelähmt oder sterben ab. In schweren Fällen kommt es zum sofortigen Herzstillstand. Die Verstopfung der Herzkranzgefäße kann langsam durch Kalk- oder Fettablagerungen entstehen. Es kann aber auch der plötzliche Verschluß durch einen angeschwemmten Blutpfropf oder durch einen Krampf in einem Herzkranzgefäß infolge von Aufregung eintreten.

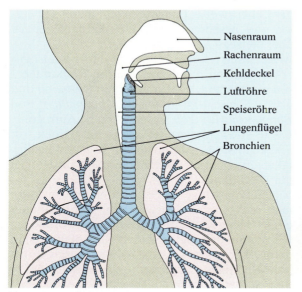

122.1. Die Atmungsorgane

Labels: Nasenraum, Rachenraum, Kehldeckel, Luftröhre, Speiseröhre, Lungenflügel, Bronchien

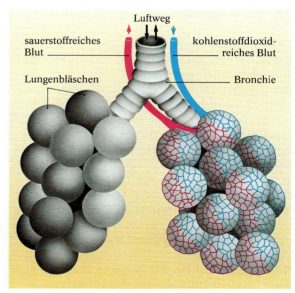

122.2. Bronchienende mit Lungenbläschen

Labels: Luftweg, sauerstoffreiches Blut, kohlenstoffdioxidreiches Blut, Lungenbläschen, Bronchie

2.5. Was in der Lunge mit der Atemluft geschieht

Hast du gezählt, wievielmal du in der letzten Minute geatmet hast? – Vermutlich nicht! Es sind etwa 12 bis 15 Atemzüge. Von unserer Atmung merken wir also gewöhnlich nichts. Sie geschieht unbewußt. Erst wenn du dich körperlich besonders anstrengst, wird dir das tiefe Einatmen bewußt. Nach einem kräftigen Spurt bist du nämlich ganz schön „aus der Puste". Offenbar braucht der Körper jetzt viel mehr Atemluft. Nach einer Anstrengung atmest du meist sogar mit geöffnetem Mund. Gesünder ist es jedoch, durch die Nase zu atmen. Deine **Nase** wirkt für die Atemluft wie ein Filter.

Die gefilterte Atemluft gelangt über Rachen und Kehlkopf in die **Luftröhre.** An ihrem unteren Ende teilt sich die Luftröhre in zwei Äste, die *Bronchien.* Über diese werden die beiden **Lungenflügel** mit Atemluft versorgt. Die Bronchien verzweigen sich fortlaufend in immer feinere Röhrchen. Wie die Beeren einer Weintraube sitzen an den Enden der feinen Röhrchen die *Lungenbläschen.* Deine Lunge besitzt über 300

Millionen davon. Luftröhre und Bronchien sind mit Schleimhäuten und Flimmerhärchen ausgekleidet. Staubteilchen werden hier festgehalten und in Schleimflüssigkeit eingeschlossen.

Was geschieht denn eigentlich in der Lunge mit der Atemluft? Um das zu beantworten, muß man die Zusammensetzung der Luft kennen: Sie besteht zu etwa 4/5 aus **Stickstoff** und zu rund 1/5 aus **Sauerstoff.** Außerdem enthält sie noch geringe Mengen **Kohlenstoffdioxid** und andere Gase.

Versuche haben ergeben, daß sich Einatmungs- und Ausatmungsluft nur durch ihre Anteile an Sauerstoff und Kohlenstoffdioxid unterscheiden. Nur diese beiden Gase spielen für die Atmung eine wichtige Rolle.

Beim Einatmen gelangt die Atemluft in mikroskopisch kleine, kugelförmige Luftkammern der Lunge, die **Lungenbläschen.** Sie haben äußerst dünne Wände. Jedes Lungenbläschen ist von einem dichten Netz feinster Blutkapillaren umsponnen.

Der Sauerstoff der Frischluft gelangt durch die zarten Häutchen der Lungenbläschen und die feinen Wände der Blutkapillaren ins Blut. Dort

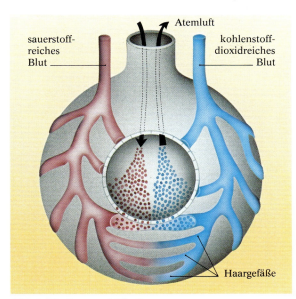

123.1. Ein Lungenbläschen

wird er von den roten Blutkörperchen aufgenommen. Die roten Blutkörperchen wiederum transportieren den Sauerstoff zu jeder einzelnen Zelle, wo aus den Nährstoffen Energie gewonnen wird.

Bei diesem Vorgang entsteht auch Kohlenstoffdioxid, das für den Körper schädlich ist. Das Kohlenstoffdioxid gelangt über die Blutgefäße zur Lunge. Hier tritt es vom Blut in den Innenraum der Lungenbläschen über. Dann wird es über die Atemwege zusammen mit der restlichen Luft ausgeatmet. Dabei wird auch Wasserdampf mit abgegeben. Das kannst du feststellen, wenn du gegen eine kalte Glasscheibe hauchst. Dieser Wasserdampf stammt aus den feuchten Wänden der Lungenbläschen.

„Verbrauchte" Luft enthält also weniger Sauerstoff und mehr Kohlenstoffdioxid als „frische" Luft. In der Lunge wird Sauerstoff gegen Kohlenstoffdioxid ausgetauscht. Diesen Vorgang nennt man **Gasaustausch.**

1. Beschreibe den Atemvorgang und den Gasaustausch in den Lungenbläschen mit Hilfe der Abbildungen 122.2. und 123.1.!

Wissenswertes über die Atmung

Woraus besteht die Atemluft?

Gase	Frischluft	Ausatmungsluft
Stickstoff	78%	78%
Sauerstoff	21%	16–17%
Kohlenstoffdioxid	0,03%	4–5%
Andere Gase	1%	1%

2. Vergleiche die Zahlenwerte beider Spalten!

Wieviel Luft enthält ein Atemzug?

Bei flacher Atmung:	ca. 1/2 Liter
Bei tiefer Atmung:	ca. 3 Liter
Tiefatmung eines Ruderers:	ca. 6–7 Liter

3. Stelle einen Atemmesser wie in Abbildung 123.2 her! Fülle die Glasglocke vollständig mit gefärbtem Wasser! Hole tief Luft und blase die Ausatmungsluft unter die Glasglocke! Lies nun die Luftmenge an der Skala ab!
Vergleiche dein Ergebnis mit den Werten deiner Mitschüler! Suche nach möglichen Ursachen der Unterschiede!

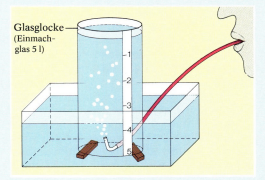

123.2. Atemmesser

Wieviel Atemluft benötigt man pro Minute?

Liegen:	ca. 5 l	Radfahren:	ca. 40 l
Stehen:	ca. 8 l	Bergsteigen:	ca. 52 l
Gehen:	ca. 14 l	Rudern:	bis zu 140 l

124.1. Mofafahrer

124.2. Tunnelblick

1. Beschreibe Verkehrssituationen, die ein betrunkener Fahrer nicht mehr erfassen kann!

3. Alkohol- und Nikotinmißbrauch – ein Gesundheitsrisiko

Udo – der schnellste „Ex-Trinker"

Udo, 15 Jahre alt und im achten Schuljahr, ist ein ganz sympathischer Typ – wenn er nichts getrunken hat. Er hat tolle Sprüche auf Lager, kennt viele Witze und noch mehr Möglichkeiten, um keine Langeweile aufkommen zu lassen. Alle haben ihn gern, solange er noch nüchtern ist. Geld hat er immer genug. Wenn er die Möglichkeit dazu hat, besorgt er sich über ältere Freunde Bier und Schnaps. Keiner kann so schnell wie er eine Flasche auf „ex" trinken. Auf Partys ist er nach kurzer Zeit meist so betrunken, daß man sich nicht mehr mit ihm unterhalten kann. Vor kurzem mußten wir eine Privatfete abbrechen, weil Udo sich im Wohnzimmer erbrach. Neulich wurde er von der Polizei vernommen, er soll gestohlene Mofateile verkauft haben! Ob daher sein üppiges Taschengeld stammt? Seither will die Gruppe nichts mehr mit ihm zu tun haben, keiner nimmt ihn mehr mit.

2. Wie könnte man Udo helfen?

3.1. Nur zwei Bier und zwei Korn

Frank, im 2. Lehrjahr beim Bau, hatte vor kurzem ein sehr unangenehmes Erlebnis. Er kam von einem Richtfest, wo er mit Polier, Kollegen und Bauherrn zwei Flaschen Bier und einige Schnäpse getrunken hatte. Auf dem Rückweg hätte er beinahe ein Kind überfahren, das auf die Straße lief. Er hatte es überhaupt nicht wahrgenommen. Wie konnte das geschehen? Nüchtern wäre ihm dies niemals passiert!

Alkohol gelangt über den Blutkreislauf sehr schnell in das Gehirn. Der schwankende Gang eines Betrunkenen und eine verlängerte Reaktionszeit zum Beispiel sind Erkennungszeichen für Störungen der Nervenzellen im Gehirn. Ein betrunkener Fahrer kann sein Fahrzeug nicht sicher führen. Sein Gesichtsfeld ist eingeengt. Er nimmt, wie bei einer Fahrt durch einen Tunnel, Randbereiche nicht mehr wahr. Diese Beeinträchtigung des Sehvermögens nennt man **Tunnelblick.** Der Betrunkene reagiert weder schnell genug, noch kann er sich rechtzeitig auf gefährliche Situationen einstellen. Er schätzt Entfernungen und Abstände falsch ein.

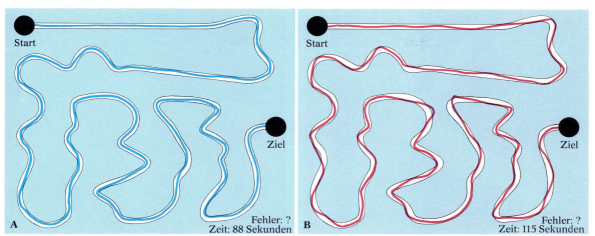

125.1. Wirkung von Alkohol. *A Eine Versuchsperson (Rechtshänder) hat nüchtern mit dem Bleistift in der linken Hand diese Teststrecke in einer bestimmten Zeit „durchfahren". B Die Versuchsperson hat diese Strecke in gleicher Weise nach dem Genuß von fünf Glas Bier „durchfahren".*

3. *Zähle die Streckenübertretungen bei A und B und begründe die Unterschiede!*

Dauernder, übermäßiger Alkoholkonsum schädigt viele Organe unseres Körpers. Herz und Kreislauf werden belastet, in manchen Fällen kommt es zum gefürchteten Herzinfarkt. Auch die Leber, die den aufgenommenen Alkohol abbauen muß, wird geschädigt.

Über 1,5 Millionen Bundesbürger sind *Alkoholiker*. Sie sind vom Alkohol abhängig, das heißt, sie können nicht mehr ohne Hilfe mit dem Trinken aufhören. Viele von ihnen hätten früher nicht geglaubt, daß sie einmal süchtig würden. Diese Sucht kann eine Vielzahl von Folgen haben: Unzuverlässigkeit im Beruf, Verlust des Arbeitsplatzes und Vernachlässigung der Familie. Schließlich ziehen sich auch die Freunde zurück, und der Trinker vereinsamt.

„Prosit" bedeutet zwar: „Es möge nutzen", doch leider ist das bei regelmäßigem Alkoholkonsum nicht der Fall.

4. *Darf sich ein 14jähriger Schüler im Supermarkt eine Flasche Bier holen? Beantworte diese Frage mit Hilfe des Jugendschutzgesetzes!*

Aus dem Jugendschutzgesetz

§ 3

(1) Der Aufenthalt in Gaststätten darf Kindern und Jugendlichen unter sechzehn Jahren nur gestattet werden, wenn ein Erziehungsberechtigter sie begleitet. Dies gilt nicht, wenn Kinder oder Jugendliche
1. an einer Veranstaltung eines anerkannten Trägers der Jugendhilfe teilnehmen,
2. sich auf Reisen befinden oder
3. eine Mahlzeit oder ein Getränk einnehmen.

(2) Jugendliche ab sechzehn Jahren ist der Aufenthalt in Gaststätten ohne Begleitung eines Erziehungsberechtigten bis 24 Uhr gestattet.

§ 4

(1) In Gaststätten, Verkaufsstellen oder sonst in der Öffentlichkeit dürfen
1. Branntwein, branntweinhaltige Getränke oder Lebensmittel, die Branntwein in nicht nur geringfügiger Menge enthalten, an Kindern und Jugendliche,
2. andere alkoholische Getränke an Kinder und Jugendliche unter sechzehn Jahren
weder abgegeben noch darf ihnen der Verzehr gestattet werden.
(3) In der Öffentlichkeit dürfen alkoholische Getränke nicht in Automaten angeboten werden. Dies gilt nicht, wenn ein Automat in einem gewerblich genutzten Raum aufgestellt und durch Vorrichtungen oder durch ständige Aufsicht sichergestellt ist, daß Kinder und Jugendliche unter sechzehn Jahren alkoholische Getränke nicht aus dem Automaten entnehmen können.

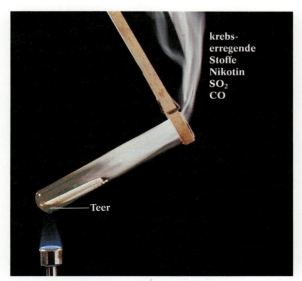

126.1. Was ein Raucher alles einatmet!

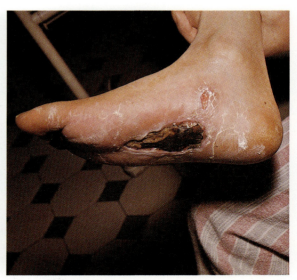

126.2. Raucherfuß. *Er kann durch mangelhafte Durchblutung bei starken Rauchern entstehen.*

3.2. Rauchen – wer denkt schon an die Folgen!

Alle sind für eine saubere Luft. Doch es gibt Menschen, die mehrmals täglich freiwillig über 1100 verschiedene Stoffe einatmen. Viele davon sind giftig oder krebserregend. Diesen Rauchern geschieht zunächst nichts. Sie wissen nicht, daß sie einer meist lebenslänglichen, gefährlichen und außerdem noch kostspieligen **Sucht** verfallen sind. Auch mancher von euch gehört bereits dazu! Erst raucht man aus Neugier oder weil man nicht Außenseiter in der Gruppe sein möchte. Doch in einigen Jahren wären viele froh, wenn sie vom Rauchen wieder loskommen könnten.

Teer, Nikotin und Kohlenstoffmonoxid zählen zu den besonders gesundheitsgefährdenden Stoffen. *Teer* setzt sich in den Lungen fest. *Nikotin* verengt die Blutgefäße und behindert die Durchblutung. *Kohlenstoffmonoxid* schaltet einen Teil der roten Blutkörperchen für den Sauerstofftransport aus.

Raucher gefährden nicht nur sich selbst, sondern auch andere. In geschlossenen Räumen sollten sie auf Nichtraucher Rücksicht nehmen.

Ein Gespräch im Büro

„Mensch, Renate, in den beiden letzten Stunden hast du mindestens acht Zigaretten geraucht! Was ist los mit dir?" – „Ja, Monika, ich weiß das! Gestern abend hatte ich Ärger mit meinem Freund. In der Nacht habe ich schlecht geschlafen, und jetzt brauche ich einfach die Zigaretten zur Beruhigung." – „Trotzdem, du weißt doch, daß ich als Nichtraucherin den Qualm nicht vertrage!" – „Okay, Monika, laß mich diese Zigarette noch zu Ende rauchen. Dann mache ich eine längere Pause. Ich weiß ja, daß Rauchen eigentlich ungesund ist, doch ich brauche das nun mal. Ich kann damit einfach nicht aufhören." – „Ich würde ja gerne das Fenster öffnen, doch dann wird es hier schnell ungemütlich kalt. Ich arbeite gerne mit dir zusammen, Renate, doch deine Raucherei geht mir auf den Wecker!"

1. Wie könnte das Problem zwischen Monika und Renate gelöst werden? Hier einige Vorschläge: Versetzung – Aufgeben des Rauchens – Beschwerden – Raucherpause auf dem Flur – Teetrinken als Ersatz!

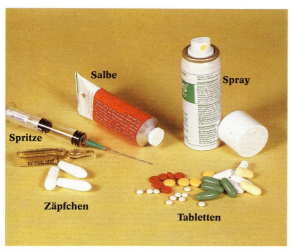

127.1. Darreichungsformen von Arzneimitteln

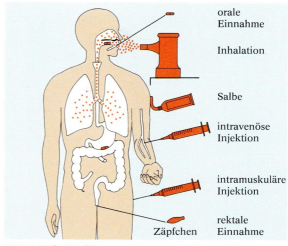

127.2. Wie Medikamente angewendet werden

1. Beschreibe an Hand der Abbildungen, in welcher Form Medikamente vorkommen und wie sie in den Körper gelangen.

4. Arzneimittel und Drogen

4.1. Arzneimittel sollten vom Arzt verordnet werden

Wenn du krank bist, suchst du einen Arzt auf. Du schilderst ihm alle Krankheitszeichen, die du beobachtet hast, zum Beispiel Schüttelfrost, Fieber, Husten oder auch Schmerzen. Danach wird dich der Arzt gründlich untersuchen. Wenn er die Krankheit festgestellt hat, gibt er dir Ratschläge, wie du dich verhalten sollst. Außerdem verschreibt er dir wahrscheinlich auf einem Rezept ein Arzneimittel und erklärt dir, wie du es anwenden sollst. Das Rezept mußt du dann in der Apotheke vorlegen. Nur der Arzt kann beurteilen, welches Mittel deine Krankheit am besten bekämpft.

Arzneimittel gelangen auf unterschiedliche Weise in den Körper. Meist werden sie über das Blut an die Stellen transportiert, wo sie wirken sollen. Wichtig ist, daß Arzneimittel nach Vorschrift eingenommen werden, um die gewünschte Wirkung zu erzielen.

Einige Medikamente sind frei verkäuflich und brauchen nicht vom Arzt verordnet zu werden. Viele Menschen meinen, sie könnten sich selbst behandeln. Obwohl sie ihre wirkliche Erkrankung gar nicht erkannt haben, verlassen sie sich auf die Aussagen der Arzneimittelwerbung. Auch rezeptfreie Mittel können bei Dauergebrauch eine Gefahr für den Körper darstellen. Schmerzmittel unterdrücken zwar kurzfristig den Schmerz, doch die eigentliche Ursache beseitigen sie nicht. Außerdem kann die regelmäßige, unkontrollierte Einnahme von Medikamenten zur *Sucht* führen. Dabei werden Organe wie Leber, Nieren oder Darm geschädigt. Viele Arzneimittel schränken auch die Verkehrstauglichkeit ein. Sie machen den Fahrer müde oder bewirken, daß er nicht mehr schnell genug reagiert. Hinweise auf Nebenwirkungen und Gefahren findet man auf den Packungsbeilagen. Man sollte sie vor der Medikamenteneinnahme aufmerksam durchlesen.

2. Welche Gefahren können bei der Selbstbehandlung mit Medikamenten auftreten?

Drogensüchtige als Einbrecher

Hamburg – Um an Geld für ihren täglichen Heroin-Bedarf zu kommen, haben zwei Rauschgiftsüchtige aus Hamburg eine ganze Serie von Einbrüchen begangen und dabei insgesamt einen Schaden angerichtet, der an die Millionengrenze heranreicht. Sie stahlen Video- und Stereo-Geräte, Schmuck, Elfenbeinfiguren und Schecks. Einer der Täter benötigte mit seiner Freundin täglich 1000 Mark für Heroin. Die Diebe, die Freundin und der Heroin-Lieferant wurden festgenommen. (aus einer Tageszeitung)

1. Sammle aus Zeitschriften und Tageszeitungen Berichte und Nachrichtenmeldungen, die mit Drogen zu tun haben!

128.1. Ende eines Rauschgiftsüchtigen

4.2. Drogen – für viele ein Weg ohne Umkehr

In der Bundesrepublik Deutschland gab es 1983 460 Herointote und mindestens 60 000 Drogenabhängige. Neugier, Flucht vor der Wirklichkeit und private oder berufliche Probleme können Gründe für Drogeneinnahme sein. Doch Probleme lassen sich dadurch nicht lösen. Es beginnt vielmehr ein Teufelskreis, aus dem man selbst nicht mehr herausfindet.

Es gibt Drogensüchtige, die am Tag für über 500 DM „Stoff" benötigen. Da sie als Abhängige keiner geregelten Arbeit mehr nachgehen können, müssen sie sich das Geld irgendwie beschaffen. Prostitution, kriminelle Handlungen und das Dealen – das ist das Weiterverkaufen von Drogen – stellen meist die einzigen Möglichkeiten dar, die erforderlichen Geldmittel aufzubringen.

Alle Drogen wirken auf das Gehirn. Sie vermitteln zunächst ein allgemeines Glücksgefühl und eine Art Losgelöstsein von der Wirklichkeit. Drogen stellen Erlebniszustände her, die vom Normalzustand abweichen. Mit der Zeit können sich schädliche körperliche und seelische Wirkungen einstellen, die der Süchtige nicht mehr wahrnimmt. Er meidet die Gesellschaft der Nichtsüchtigen und fühlt sich nur noch unter Abhängigen wohl, die ihn natürlich nicht auf seinen Verfall aufmerksam machen. Außerdem muß der Süchtige die Drogeneinnahme immer mehr steigern, um die erwünschte Wirkung zu erreichen. In dieser Situation kann ihm vielleicht noch geholfen werden, wenn er sich an eine Drogenberatungsstelle wendet. Die Chancen, von der Sucht freizukommen, sind aber auch dann leider nicht sehr groß. Von hundert Drogensüchtigen, die sich einer Entziehungskur unterziehen, werden achtzig wieder rückfällig.

Solltest du einmal Probleme haben, suche dir Partner, die dir helfen, zum Beispiel Freunde, Eltern oder auch den Drogenberatungslehrer deiner Schule. Probleme lassen sich viel besser lösen, wenn man sie bespricht und gemeinsam angeht.

2. Nenne Gefahren der Drogeneinnahme!

Streß, Sorgen

Ernüchterung: Drogenwirkung läßt nach, Probleme werden wieder bewußt

Einnahme von Drogen

Rauschzustand: „high"

129.1. „Teufelskreis" eines Drogenabhängigen

3. Beschreibe an Beispielen die Stationen dieses Kreises. Begründe, warum es kein Entrinnen gibt!

Die wahre Geschichte von Jörg E.

(nur der Name wurde geändert)

„Als Azubi kam ich mit 16 Jahren in eine Clique, in der viel geraucht wurde. Hier lernte ich auch Hasch kennen. Von den ersten Joints war ich erst enttäuscht, doch nach einiger Zeit machten die mich richtig high. Es war schon ein tolles Erlebnis: Du sitzt auf einer Bude mit Freunden, hörst Musik, Kerzenlicht spendet die richtige Stimmung, keiner labert rum, alle kiffen und die Alltagssorgen sind weit weg. Später nahm ich auch andere Drogen; ich war ganz wild auf das Feeling, das mich dann immer packte. Zu Hause erzählte ich übrigens, daß ich bei Freunden Platten hören würde! Irgendwann fuhren wir mit der Clique nach Köln zu einem „Open air festival". Einige von uns drückten, und ich lernte erstmals LSD kennen. Für 5 DM, sag ich dir, mir klebte das Bett unter der Decke! Immer wenn ich nach einigen Wochen mit LSD aufhören wollte, bekam ich einen turkey. Irgendwann habe ich es doch geschafft und bin von den harten Sachen los. Ich hoffe, das bleibt so!"

Joint: Haschischzigarette
kiffen: Haschischrauchen
drücken: Spritzen von Drogen, fixen
turkey: schmerzhafte Entzugserscheinungen

Drogenübersicht in Stichworten

Stimulantien
- Einnahme mit Alkohol und Schlafmitteln/ Spritzen
- in Aufputschmitteln (Doping)/ Schlankheitsmitteln
- regen an und steigern den Blutdruck
- Leberentzündung, Bewußtlosigkeit

Schlaf- und Beruhigungsmittel
- Einnahme in Tablettenform/Tropfen
- in Arzneimitteln
- beseitigen Einschlaf- und Durchschlafstörungen
- Vergiftungserscheinungen, Abhängigkeit

Schnüffelstoffe
- Einatmen von Dämpfen/Gasen
- in Farben, Reinigungsmitteln, Klebstoffen
- Bewußtseinstrübung, Rauschwirkung
- Kopfschmerzen, Schlaflosigkeit, Lungen- und Nierenschäden, Erstickungsgefahr, Herzversagen

Haschisch und Marihuana
- Einnahme durch Rauchen
- in Blüten und Harz der indischen Hanfpflanze
- Rauschwirkung, Bewußtseinserweiterung
- Gewöhnung, gerötete Augen, erhöhter Puls

Halluzinogene
- Einnahme als Pulver, Tabletten, Lösung
- enthalten in Arzneimitteln
- Rauschwirkung, starke Sinneseindrücke
- Angstzustände, Selbstmordversuche, Abhängigkeit

Opiate
- Einnahme durch Rauchen und Spritzen
- Opium, Morphium, Heroin
- starkes Hochgefühl, kein Wirklichkeitsgefühl
- schnelle Abhängigkeit, steigende Einnahme und Tod durch Überdosierung („Goldener Schuß")

Kokain
- Einnahme durch Schnupfen und Spritzen
- Blätter des Cocastrauches
- Hochstimmung, Wahnideen, Gewalttätigkeiten
- Abhängigkeit, Leberschäden, körperlicher Verfall, Herzschwäche, Atemlähmung

130.1. Streß im Straßenverkehr

1. *Nenne Situationen, in denen du dich gestreßt gefühlt hast. Wie hast du reagiert?*

130.2. Erkennung von Diabetes mit Teststäbchen.
A kein Zucker, B Zucker im Urin

5. Zivilisationskrankheiten – Folgen unserer Lebensweise

Zwei Klassenarbeiten und drei Tests in der Woche – jede Menge Hausaufgaben – nervöse Lehrer – Ärger in der Familie – miese Stimmung in der Klasse – dauernd Vertretungsunterricht: **Streß** in der Schule und keine Zeit für Hobbys und Erholung. Du kennst solche Zeiten und weißt oft nicht, was du dagegen tun sollst!

Streß ist heute zu einem Modewort geworden. Auch die Menschen in der Steinzeit kannten Streß: der Kampf mit den Raubtieren, die Jagd nach eßbarem Wild und die Auseinandersetzungen mit Nachbarhorden um die besten Reviere. In diesen Streßsituationen wurden vom Körper alle verfügbaren Kräfte mobilisiert: das Herz schlug schneller, der Blutdruck stieg, und die Muskeln waren für kurze Zeit aufs äußerste angespannt. Doch nach diesen Streßbelastungen gab es meist ausreichende Erholungspausen; Körper und Geist konnten ausspannen und neue Kräfte sammeln. Heute ist das anders. Unser Leben wird von vielen Einflüssen bestimmt, die Folgen der *Zivilisation* sind. Lärm, Lichtreklame, Autoschlangen, Schulsorgen, privater und beruflicher Ärger sind Einflüsse, gegen

die wir uns nur unzureichend wehren können. Wir reagieren dann häufig mit Aggressivität im Straßenverkehr, Unzufriedenheit in der Schule und schlechter Laune im Privatbereich. Streß wird dann gefährlich, wenn Erholungszeiten fehlen. Seelische Krankheiten, Medikamentenmißbrauch und Alkoholismus sind häufig die Auswirkungen auf einen gestreßten Menschen. Oft folgen dann körperliche Erkrankungen.

Das Leben in der hochtechnisierten Welt der Industrienationen bringt außer viel Komfort und Bequemlichkeit auch eine Menge Gefahren mit sich. An erster Stelle stehen hier die **Herz-Kreislauferkrankungen.** Mangelnde Bewegung, zu reichliche Ernährung, übermäßiger Genuß von Alkohol und Nikotin schädigen das Herz-Kreislaufsystem unseres Körpers. Bluthochdruck, der gefürchtete Herzinfarkt und Schlaganfall können die Folge sein.

Fast jeder Erwachsene und jeder zweite Schüler leidet unter den Folgen der Zahnfäule, auch **Karies** genannt. Die Hauptursache liegt darin, daß zuviel Süßes gegessen wird. Der Zucker

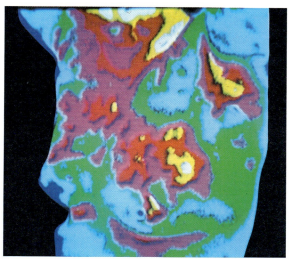

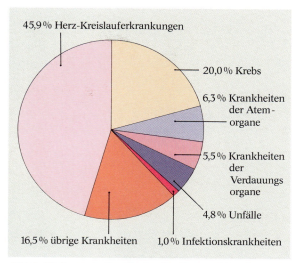

45,9 % Herz-Kreislauferkrankungen

20,0 % Krebs

6,3 % Krankheiten der Atem- organe

5,5 % Krankheiten der Verdauungs- organe

4,8 % Unfälle

16,5 % übrige Krankheiten

1,0 % Infektionskrankheiten

131.1. Brustkrebs-Früherkennung (Thermografie)

131.2. Todesursachen in der BR Deutschland

2. Ordne die in Abbildung 131.2. genannten Todesursachen nach ihrer Häufigkeit!

wird von den Zahnbakterien aufgenommen, die daraufhin Säuren ausscheiden. Diese Säuren greifen den Zahnschmelz an, so daß sich Löcher bilden. Durch regelmäßiges Zähneputzen nach den Mahlzeiten kann man diese Schäden vermeiden.

Von 30 Menschen hat einer „Zucker". Diese Krankheit wird auch **Diabetes** genannt. Bei Zuckerkranken kann die im Blut enthaltene Zuckermenge nicht wie bei Gesunden reguliert werden. Übergewicht, Bewegungsmangel und falsche Ernährung fördern diese Stoffwechselkrankheit, die durch das Fehlen bestimmter Hormone verursacht wird. Ist die Krankheit erkannt, kann sie heute durch Diät und Medikamente unter Kontrolle gehalten werden. Viele Menschen wissen nicht, daß sie *Diabetiker* sind. In Apotheken gibt es Teststäbchen, mit denen man einen einfachen Zuckertest bei sich durchführen kann. Bei einer Verfärbung des Teststäbchens sollte man einen Arzt aufsuchen, der eine genauere Untersuchung vornimmt.

Eine der am meisten gefürchteten Krankheiten ist der **Krebs.** Bei dieser Krankheit kommt es im

Körper zu einer unkontrollierten Vermehrung von Zellen. Es bilden sich Geschwülste oder **Tumore,** die die befallenen Organe zerstören. Man weiß heute noch nicht genau, wie und warum Krebszellen entstehen. Es ist nur bekannt, daß bestimmte chemische Stoffe, Viren und Strahlungen normale Zellen zu Krebszellen machen. Solche Krebszellen können sich auch aus einer Geschwulst lösen und über die Blutbahn an andere Stellen im Körper gelangen. Dort bilden sich Tochtergeschwülste. Krebs, der früh genug erkannt wird, kann in vielen Fällen durch Operationen oder gezielte Bestrahlungen erfolgreich behandelt werden.

Wie können wir den vielfältigen Zivilisationskrankheiten, vor allem den Herz-Kreislauferkrankungen, begegnen? Einige Möglichkeiten, die jeder hat, sind: gesunde Lebensführung, maßvolles Essen und Trinken, Sport und andere sinnvolle Freizeitbeschäftigungen.

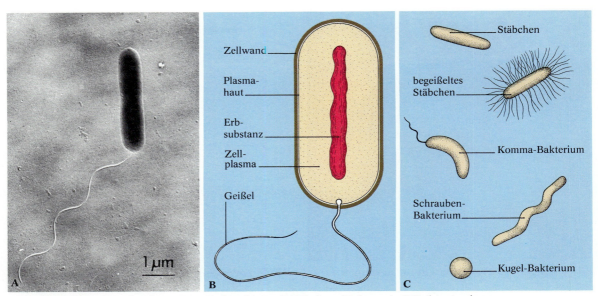

132.1. Bakterien. *A Mikrofoto eines Bakteriums; B Feinbau (Schema); C Bakterienformen*

6. Infektionskrankheiten

6.1. Bakterien – kleinste einzellige Lebewesen

Da steht doch wirklich auf dem Becher mit der Sauermilch, daß sie **Bakterien** enthält. Ist das denn möglich?

Bakterien sind uns meist als Krankheitserreger bekannt. Ihre Bedeutung für den Menschen geht aber darüber hinaus. Sie helfen uns bei der Käse- und Sauermilchzubereitung und bei der Herstellung von Sauerkraut. Im Boden bewirken sie die Humusbildung.

Überall auf der Erde finden wir Bakterien, ob in den heißen Quellen Islands oder in den Kältewüsten der Antarktis. Ebenso finden wir sie auf Geldscheinen, in Handtüchern und im Darm von Menschen und Tieren. Auch in den Wurzelknöllchen der Lupine und anderer Schmetterlingsblütler sind Bakterien vorhanden.

Der Bau der Bakterien erscheint recht einfach: Eine **Zellwand** und eine **Plasmahaut** umschließen das Plasma. Im Plasma eingebettet liegt die Erbsubstanz. Viele Bakterien bewegen sich mit Hilfe von **Geißeln** fort. Sind für Bakterien die Lebensbedingungen ungünstig, kapseln sie sich ein. Sie bilden dann dauerhafte **Sporen.** Werden

die Lebensbedingungen wieder günstig, wandeln sich die Sporen wieder in die ehemaligen „aktiven" Bakterien um.

Bakterien vermehren sich sehr rasch. Dabei teilt sich die Bakterienzelle in zwei neue Zellen. Diese Form der Vermehrung ermöglicht es, daß Bakterien schnell in großer Zahl auftreten: Aus 1 Bakterium sind nach 20 Minuten 2 entstanden, nach weiteren 20 Minuten 4, dann 8, 16, 32 Bakterien und so weiter. In 24 Stunden könnte auf diese Weise eine Menge von etwa $4{,}7 \cdot 10^{21}$ Bakterien entstehen. Das sind ungefähr 1000 Millionen mal mehr als es Menschen gibt! Schon in 1 Gramm Gartenerde findet man mehr als 100 Millionen Bakterien!

1. Überlege, in welchen täglichen Situationen eine gründliche Reinigung oder Desinfektion der Hände sinnvoll und notwendig ist!

2. Rechne weiter: 1 Bakterium teilt sich in 20 Minuten in 2, aus 2 Bakterien werden in weiteren 20 Minuten …? Wieviel Bakterien sind nach 1 Stunde, 2 Stunden, 3 Stunden, 24 Stunden vorhanden?

Wie man Lebensmittel haltbar macht

Unsere Nahrungsmittel müssen wir vor dem Verderb schützen. Wir müssen sie **konservieren.** Da Bakterien unter bestimmten Bedingungen nicht leben können, macht man sich diese bei der Haltbarmachung von Lebensmitteln zunutze: Man konserviert in starken Zucker- oder Salzlösungen, in trockener Umgebung oder in starkem Alkohol.

Aus einem Kochbuch:

a) Kaltgerührte Marmelade
1$^1/_2$ kg frisch gepflückte Früchte (zum Beispiel Himbeeren) werden mit 1 kg Staubzucker verrührt. Man rührt, bis die Masse steif ist. Danach wird die Marmelade in Gläser gefüllt. Die Marmelade deckt man mit Cellophanscheiben ab, die vorher mit Alkohol keimfrei gemacht wurden.

b) Eingelegte Schnittbohnen
Gesäuberte Schnittbohnen werden kleingeschnitten und in geeignete Gefäße eingelegt. Dabei wird jeweils eine etwa daumendicke Schicht Bohnen mit Salz vollkommen bedeckt. Dann folgt die nächste Schicht Bohnen, die wiederum mit Salz bedeckt wird. So fährt man fort, bis das Gefäß gefüllt ist.

c) Dörrobst
Äpfel oder Birnen werden geschält. Das Kerngehäuse wird ausgestochen. Danach schneidet man die Früchte in gleichmäßig dünne Ringe und trocknet sie an schattigen Plätzen bei guter Luftbewegung. Erst wenn die Obstscheiben sich elastisch anfühlen, sich biegen lassen und beim Brechen keinen Saft mehr zeigen, ist die Trocknung beendet.

d) Rumtopf
Ein Rumtopf wird nach und nach mit Früchten des ganzen Jahres angefüllt. Auf 1 kg Früchte gibt man 1 kg Zucker. Dann gießt man $^1/_2$ Liter hochprozentigen Rum zu.
Nach Hinzufügen der letzten Früchte wird der Topf zugedeckt und an einen kühlen Ort gestellt.

3. Welche Konservierungsmethoden werden bei den einzelnen Rezepten angewendet?

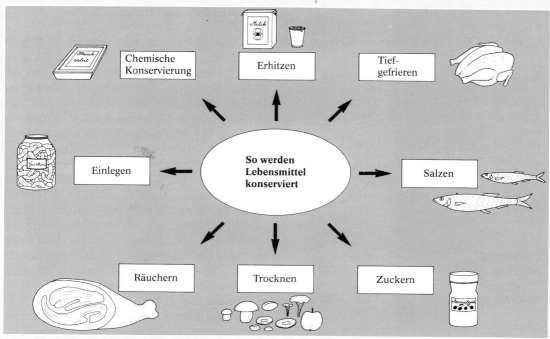

133.1. Konservierungsmethoden

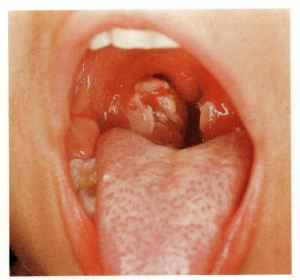

134.1. Mandelentzündung. *Rachenaufnahme mit geröteten, vereiterten Mandeln.*

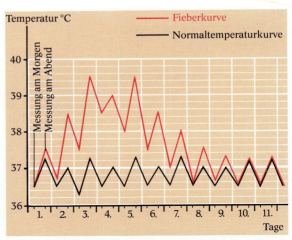

134.2. Fieberkurve bei Mandelentzündung. *Gemessen wurde täglich morgens und abends.*

1. Erläutere den Verlauf der beiden Temperaturkurven in Abbildung 134.2.!

Infektionskrankheiten

Krankheiten, die durch **Bakterien** hervorgerufen werden:

Krankheit	Inkubationszeit
Diphtherie	2– 5 Tage
Scharlach	2– 7 Tage
Keuchhusten	7–14 Tage
Typhus	10–14 Tage
Tuberkulose	19–56 Tage

Krankheiten, die durch **Viren** hervorgerufen werden:

Krankheit	Inkubationszeit
Virusgrippe	1– 4 Tage
Hepatitis (Leberentzündung)	1–28 Tage
Kinderlähmung	5–14 Tage (auch bis 35 Tage!)
Röteln	14–23 Tage
Tollwut	30–90 Tage

6.2. Kleine Ursache, große Wirkung – eine Bakterieninfektion

Uta fährt jeden Morgen mit dem Schulbus. Heute ist ein besonders trüber Novembertag. Viele Kinder sind erkältet und sitzen mit einem dicken Schal um den Hals auf ihren Plätzen. Ihnen „läuft" die Nase. Auch Uta fühlt schon ein Kribbeln in Hals und Rachen. Ihre Stimme klingt heiser. Plötzlich muß sie, wie viele andere Kinder im Bus, niesen. Hat sie sich angesteckt? Niesen kann auf eine kommende Erkältung hindeuten. Hat man größere Mengen von **Bakterien** aufgenommen, so hat man sich infiziert. Diese *Infektion* kann durch Anniesen und Anhusten erfolgen. Sie wird begünstigt durch eine Schwächung des Körpers nach großen Kraftanstrengungen, Schwitzen oder Übermüdung. Nach einigen Tagen treten die ersten Krankheitsanzeichen, die **Symptome,** auf. Die Zeit zwischen der Infektion und dem Auftreten erster Krankheitsanzeichen nennt man **Inkubationszeit.**

Jede Infektionskrankheit hat einen typischen Verlauf. Der Arzt kann bereits an der *Fieber-*

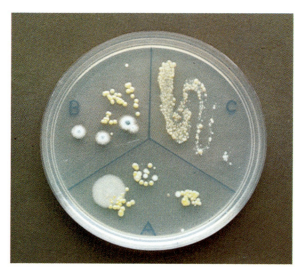

135.1. Bakterienkulturen auf Nährboden. *A Fingerabdruck; B Abdruck eines Geldscheins; C Bakterien aus dem Zahnbelag*

kurve und den Symptomen wie Husten oder Schwitzen erkennen, um welche **Infektionskrankheit** es sich handeln könnte. In besonderen Fällen kann der Arzt *Bakterienkulturen* anlegen. Dadurch erkennt man bestimmte Krankheitserreger.

Uta hatte sich bei den Kindern im Bus infiziert. Alle Krankheitssymptome deuteten auf eine Mandelentzündung hin. Ihre Halsschmerzen wurden stärker, die Mandeln waren gerötet und vereitert. In den ersten Tagen ihrer Krankheit hatte sie hohes Fieber. Fast zwei Wochen dauerte es, bis sie wieder gesund war und in die Schule gehen konnte.

Eine schwere Infektionskrankheit der Lunge ist die **Tuberkulose.** Sie wird durch TuberkelBakterien hervorgerufen. Die Bakterien werden eingeatmet und verursachen eine Entzündung in der Lunge. Symptome sind Müdigkeit, Appetitlosigkeit, Husten, später Schmerzen im Lungenbereich und Fieber. Die Krankheit fängt scheinbar harmlos an, kann aber tödlich enden. Heilt die Tuberkulose aus, bleiben in der Lunge Narben zurück. Der Arzt kann die Tuberkulose als Schatten im Röntgenbild erkennen.

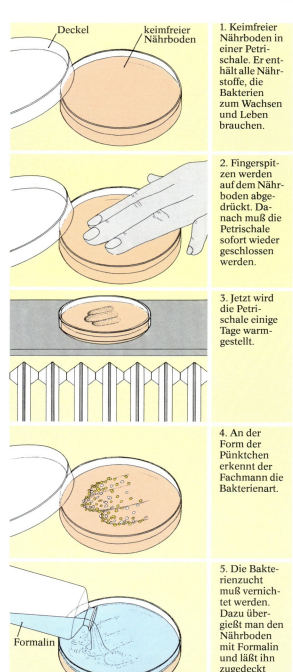

1. Keimfreier Nährboden in einer Petrischale. Er enthält alle Nährstoffe, die Bakterien zum Wachsen und Leben brauchen.

2. Fingerspitzen werden auf dem Nährboden abgedrückt. Danach muß die Petrischale sofort wieder geschlossen werden.

3. Jetzt wird die Petrischale einige Tage warmgestellt.

4. An der Form der Pünktchen erkennt der Fachmann die Bakterienart.

5. Die Bakterienzucht muß vernichtet werden. Dazu übergießt man den Nährboden mit Formalin und läßt ihn zugedeckt eine Woche stehen.

135.2. Anlegen einer Bakterienkultur

2. Begründe, warum die Bakterienkultur nach dem Versuch vernichtet werden muß!

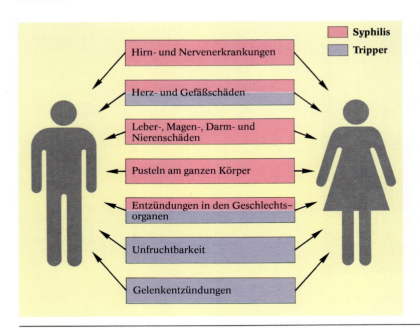

| | Syphilis |
| | Tripper |

Hirn- und Nervenerkrankungen

Herz- und Gefäßschäden

Leber-, Magen-, Darm- und Nierenschäden

Pusteln am ganzen Körper

Entzündungen in den Geschlechtsorganen

Unfruchtbarkeit

Gelenkentzündungen

136.1. Folgeerkrankungen nach Tripper- und Syphilisinfektion

1. Erläutere Abbildung 136.1.!

6.3. Bakterien verursachen auch Geschlechtskrankheiten

Es gibt auch Infektionskrankheiten, die an den männlichen und weiblichen Geschlechtsorganen auftreten. Die Infektion erfolgt meist durch den Geschlechtsverkehr. Viele infizierte Menschen empfinden Krankheiten an den Geschlechtsorganen als peinlich. Aus falscher Scham gehen sie dann nicht zum Arzt und tragen die Krankheit weiter. Da die Ärzte jedoch an die Schweigepflicht gebunden sind, braucht man nicht ängstlich zu sein: Außenstehende werden von einer Geschlechtskrankheit nichts erfahren.

Der **Tripper** (die Gonorrhoe) ist eine Geschlechtskrankheit, die sich durch brennende Schmerzen in der Harnröhre beim Wasserlassen sowie durch Eiterabsonderungen aus der Harnröhrenöffnung bemerkbar macht. Diese Anzeichen treten nach einer Inkubationszeit von 2–8 Tagen auf. Die Symptome sind bei Mann und Frau gleich.

Wird der Tripper rechtzeitig vom Arzt behandelt, heilt die Krankheit ohne Folgen aus. Wird

sie nicht behandelt, steigen die Tripper-Erreger die Harn- und Geschlechtswege hinauf. Sie infizieren beim Mann die Bläschendrüsen, bei der Frau die Gebärmutter und die Eierstöcke. Dabei treten starke Schmerzen auf. Als Folge der Erkrankung kann bei beiden Partnern Unfruchtbarkeit eintreten. Infiziert sich eine schwangere Frau, so erkrankt häufig das ungeborene Kind ebenfalls.

Wesentlich schwerer ist die **Syphilis** zu erkennen. Die Inkubationszeit beträgt bis zu 4 Wochen. Eintrittspforte des Syphiliserregers kann jede noch so unscheinbare Verletzung der Haut oder der Schleimhaut sein. In den meisten Fällen befindet sich diese Stelle an oder in den Geschlechtsorganen. In diesem 1. Stadium entsteht ein schmerzloses Geschwür, das bald abheilt. Nach etwa 9 Wochen haben sich die Erreger im Körper verbreitet. In diesem 2. Stadium ist der ganze Körper mit kleinen roten Pusteln bedeckt. Wie das Geschwür des 1. Stadiums sind auch die Pusteln des 2. Stadiums äußerst ansteckend. Nach kurzer Zeit verschwinden die Pusteln. Der Kranke ist nur scheinbar geheilt.

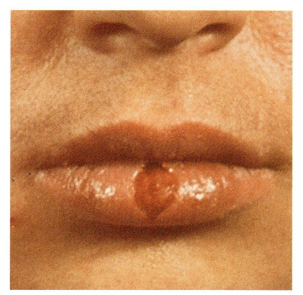

137.1. Syphilis: 1. Stadium

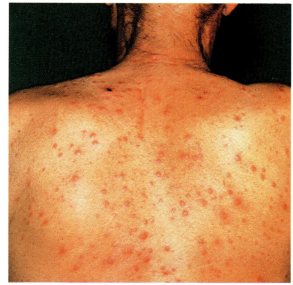

137.2. Syphilis: 2. Stadium

20 bis 30 Jahre später tritt die Syphilis in ihrer schrecklichsten Form wieder auf: Das Nervensystem wird zerstört. Diese Folgen müssen nicht eintreten, wenn sich der Erkrankte frühzeitig in ärztliche Behandlung begibt.

2. Die Geschlechtskrankheiten sind immer noch weit verbreitet. In der Bundesrepublik Deutschland erkrankten von je 100 000 Einwohnern an

	1980	1982
Tripper	81	77
Syphilis	12	8

Rechne aus, wieviele Geschlechtskranke es jeweils insgesamt in der Bundesrepublik gab (61 Mio. Einwohner)!

3. Welche Folgen ergeben sich für einen von einer Geschlechtskrankheit Betroffenen aufgrund des nebenstehenden Gesetzestextes?

§2: Die Bekämpfung der Geschlechtskrankheiten umfaßt Maßnahmen zur Verhütung, Feststellung, Erkennung und Heilung der Erkrankung sowie die vorbeugende und nachgehende Gesundheitsfürsorge. Zu diesem Zweck werden die Grundrechte auf körperliche Unversehrtheit und auf Freiheit der Person eingeschränkt. Die Durchführung dieser Aufgaben obliegt den Gesundheitsämtern.

§3: Wer an einer Geschlechtskrankheit leidet und dies weiß oder den Umständen nach annehmen muß, ist verpflichtet,

1. sich unverzüglich von einem in Deutschland bestallten oder zugelassenen Arzt untersuchen und bis zur Beseitigung der Ansteckungsgefahr behandeln zu lassen sowie sich den notwendigen Nachuntersuchungen zu unterziehen;

2. sich in ein geeignetes Krankenhaus zu begeben, wenn das Gesundheitsamt dies anordnet, weil er sich der ordnungsgemäßen Durchführung der Behandlung entzogen hat oder die Einweisung zur Verhütung der Ansteckung notwendig ist.

137.3. Auszüge aus dem Gesetzestext zur Verhütung von Geschlechtskrankheiten

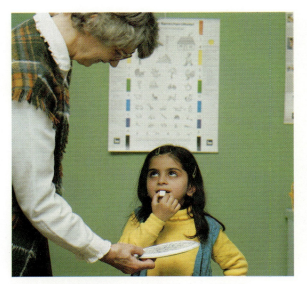

138.1. Die Schluckimpfung hilft gegen Kinder-
lähmung

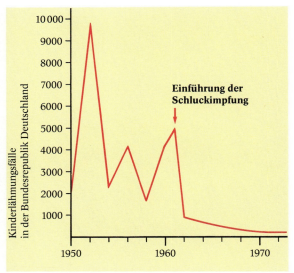

138.3. Krankheitsfälle an Kinderlähmung vor und
nach Einführung der Schluckimpfung

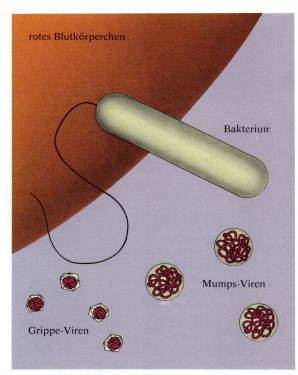

138.2. Viren sind winzig klein

6.4. Viren – Winzlinge, die krank machen

In Utas Klasse fehlen viele Schüler. Dabei fing alles so unauffällig an: Erst fehlte Hans, dann Rolf; am nächsten Morgen waren es schon drei Kinder. Heute, eine Woche später, fehlt bereits die Hälfte der Klasse. „Eine Grippewelle!" sagen die Lehrer. In den Nachbarklassen sieht es nicht anders aus. Selbst die Lehrer bleiben nicht verschont.

Bei einer Grippewelle erkranken in kurzer Zeit viele Menschen. Erreger sind winzige **Viren.** Sie sind, wie auch die Bakterien, allgegenwärtig. *Kinderlähmung, Röteln, Pocken* und *Tollwut* sind ebenfalls durch Viren verursachte Krankheiten. Die ersten Anzeichen von Viruserkrankungen ähneln sich. Solche Anzeichen sind Fieber, Schwindelgefühl, Gliederschmerzen und Mattigkeit. Sie sollten immer ernst genommen werden, weil man zu Beginn einer Viruserkrankung oft nicht zwischen einer gefährlichen und einer weniger gefährlichen Erkrankung unterscheiden kann. Viruserkrankungen sind sehr ansteckend. Die Kinderlähmung ist ein Beispiel für eine gefährliche Viruserkrankung. Men-

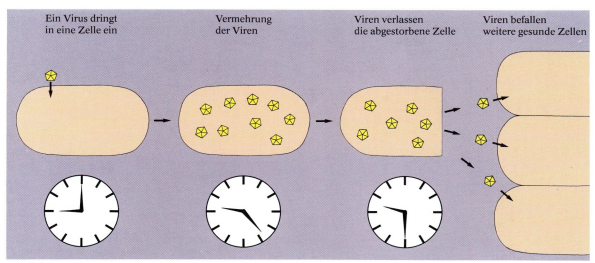

Ein Virus dringt in eine Zelle ein   Vermehrung der Viren   Viren verlassen die abgestorbene Zelle   Viren befallen weitere gesunde Zellen

139.1. Vermehrung der Viren

1. Viren sind gefährliche Krankheitserreger. Begründe dies anhand der Abbildung 139.1.!

schen, die die Krankheit überlebt haben, bleiben oft zeitlebens gelähmt. Nur rechtzeitiges Impfen kann vor Kinderlähmung schützen.

Die schnelle Ausbreitung der Virusinfektionen läßt sich dadurch erklären, daß die Viren die Wirtszelle überfallen und die Zellhaut durchbohren. Innerhalb weniger Minuten setzt die Vermehrung des Virus unter Zerstörung der Wirtszelle ein. Mit den neu gebildeten Viren werden andere Menschen angesteckt.

In früheren Zeiten nannte man Infektionskrankheiten, die die Bevölkerung ganzer Ortschaften erkranken ließen, **Seuchen.** Die bekanntesten und gefürchtetsten Seuchen waren Pest, Cholera und Lepra. Erst durch Schutzimpfungen und verbesserte Hygienemaßnahmen wurden die Seuchenerkrankungen zurückgedrängt. Wesentlichen Anteil daran hatten die Einführung der Trinkwasserüberwachung und eine geordnete Abwasserbeseitigung durch die Kanalisation. Durch die Vernachlässigung von Hygienemaßnahmen können auch heute noch Seuchen auftreten.

Der letzte Pockenkranke!

Im Januar 1970 erkrankten in Meschede, einer Stadt im Sauerland, noch 20 Menschen an Pocken. Vier von ihnen starben. 2 Jahre später wurde in Hannover eine Einzelerkrankung festgestellt. Das war der letzte Pockenkranke in der Bundesrepublik Deutschland.

Am 29. Oktober 1979 konnte die Weltgesundheitsbehörde die weltweite Ausrottung der Pocken bekanntgeben. Der Leiter des Pocken-Programms der Weltgesundheitsbehörde sagte zu diesem großartigen Erfolg:

„Wir können jetzt unseren Aufwand verringern. Doch werden wir wie nach einem Flächenbrand weiterhin Feuerwache halten müssen. Unser Netz von Beobachtern ist so dicht, daß möglicherweise neuauftretende Fälle schnell erkannt werden können. Dann würden wir den jeweiligen Infektionsherd einkreisen. Wir haben für solche Fälle genügend Impfvorräte."

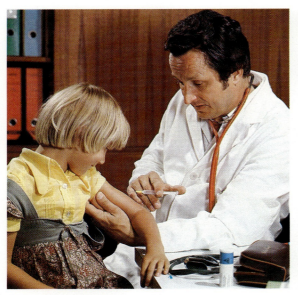

140.1. *Schutzimpfung*

Alter	Impfung	Alter	Impfung
1. Lebensjahr	Tuberkulose Kinderlähmung (Polio) Diphtherie und Wundstarrkrampf (Tetanus) Masern	10. Lebensjahr	Kinderlähmung Röteln (nur für Mädchen)
		14.–15. Lebensjahr	Wundstarrkrampf Tuberkulose
2. Lebensjahr	Diphtherie und Wundstarrkrampf Kinderlähmung	In jedem Lebensjahr	Grippe Wundstarrkrampf Kinderlähmung
6. Lebensjahr	Diphtherie und Wundstarrkrampf	Öffentlich empfohlene Impfungen sind gelb unterlegt	

140.2. *Empfohlener Impfkalender* (*Auszug*)

Berühmte Bakterienforscher

Edward Jenner (1740–1823)
Der englische Forscher begründete die aktive Schutzimpfung. Er führte die Pockenschutzimpfung ein.

Louis Pasteur (1822–1895)
Er führte die ersten Schutzimpfungen gegen Milzbrand und Tollwut ein. Er erkannte auch, daß Bakterien Erreger von Krankheiten sind.

Robert Koch (1843–1910)
Entdecker verschiedener Erreger, vor allem des Cholera- und Tuberkuloseerregers. Koch begründete die Lehre von den Bakterien als Krankheitserregern.

Emil von Behring (1854–1917)
Er entdeckte die Wirkung des Diphtherie-Heilserums und entwickelte die passive Schutzimpfung.

Alexander Fleming (1881–1955)
Er war Biologe, beschäftigte sich mit Bakterien und entdeckte bei seinen Arbeiten das von bestimmten Schimmelpilzen gebildete, bakterientötende Penicillin.

6.5. Wie werden Infektionskrankheiten bekämpft?

Rolf und sein Vater räumten den alten Schuppen auf. „Paß auf, da sind Nägel in den Brettern!" konnte der Vater noch rufen. Aber es war schon zu spät! Mit einem Schmerzensschrei ließ Rolf das Brett, das er gerade in den Händen hielt, fallen. Ein rostiger Nagel hatte eine tiefe, wenig blutende Wunde in seine Handfläche gerissen. Vorsichtshalber ging Rolf sofort zum Arzt. Sein **Impfbuch** nahm er mit. Glücklicherweise war Rolf gegen Wundstarrkrampf geimpft. Die Impfung war noch wirksam.

Wäre Rolf nicht gegen Wundstarrkrampf geimpft worden, hätte er jetzt eine Spritze gegen die Infektionskrankheit bekommen müssen. Der Arzt hätte ihm Impfstoff gespritzt, der Abwehrstoffe gegen die Wundstarrkrampferreger enthält. Durch die im Impfstoff enthaltenen *Antikörper* werden die schon im Körper vorhandenen Krankheitserreger weitgehend getötet. Der Verlauf der Krankheit wird abgekürzt, und es kommt schneller zur Heilung. Daher wird diese Art der

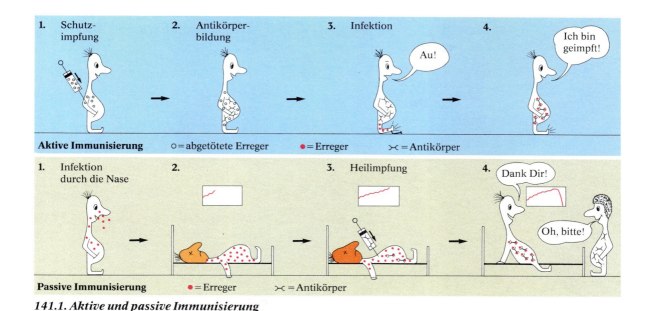

141.1. Aktive und passive Immunisierung

Impfung auch **Heilimpfung** genannt. Durch diese Heilimpfung wird eine **passive Immunisierung** hervorgerufen.

Gleichzeitig hätte Rolf eine zweite Spritze bekommen müssen. Da der Körper selber Antikörper gegen eindringende Krankheitserreger bilden soll, spritzt der Arzt einen Impfstoff mit abgeschwächten oder abgetöteten Krankheitserregern. Durch den Lebendimpfstoff wird im Körper eine **aktive Immunisierung** erreicht. Hierdurch ist man vor Infektionskrankheiten geschützt. Daher wird diese Art der Impfung auch **Schutzimpfung** genannt.

Viele von euch haben eine Schutzimpfung außer gegen Wundstarrkrampf auch gegen Masern, Mumps, Diphtherie, Tuberkulose, Keuchhusten und Kinderlähmung erhalten. Die Widerstandskraft gegen bestimmte Infektionskrankheiten, die das ganze Leben über anhalten kann, nennt man **Immunität.**

Gegen manche Infektionskrankheiten gibt es keine Schutzimpfungen. Der Arzt muß in diesen Fällen Medikamente verschreiben, um die Krankheitserreger möglichst schnell und vollständig zu vernichten. Solche Medikamente können **Antibiotika** sein. Das bekannteste Antibiotikum ist *Penicillin.* Es wird aus besonderen Schimmelpilzen hergestellt.

Eine andere Gruppe von Medikamenten sind die **Sulfonamide.** Sie werden künstlich hergestellt. In ihren Wirkungen sind beide Medikamente ähnlich. Nur der Arzt kann entscheiden, welches Medikament bei einer Erkrankung eingenommen werden soll.

Krankheitserreger können gelegentlich gegen Medikamente Widerstandskräfte entwickeln. Die Medikamente sind dann unwirksam, weil die Krankheitserreger **resistent** geworden sind. Um weiterhin die Infektionskrankheit erfolgreich behandeln zu können, müssen immer neue Medikamente gegen die resistenten Krankheitserreger entwickelt werden.

1. Vergleiche die Angaben zu den Heil- und Schutzimpfungen in einem Impfkalender mit denen in deinem Impfbuch. Gegen welche Krankheiten hast du eine Schutzimpfung erhalten?

142.1. Das kannst du für deine Gesundheit tun

7. Was kannst du für deine Gesundheit tun?

Brigittes Mutter arbeitet im Büro. Tag für Tag sitzt sie hinter einer Schreibmaschine und tippt Briefe, deren Inhalt sie über einen kleinen Kopfhörer erfährt. Am späten Nachmittag erst kommt sie nach Hause – müde und erschöpft. Brigitte wundert sich, daß ihre Mutter trotz ihrer Müdigkeit Zeit findet, noch an einem Gymnastikkurs teilzunehmen. „Die Gymnastik macht mich so richtig frisch!" antwortete sie, als Brigitte sie daraufhin einmal ansprach.

Wir alle werden durch die verschiedenartigsten Beschäftigungen mehr oder weniger belastet, denen wir uns nicht entziehen können. Wer Tag für Tag die gleichen Arbeiten ausführen muß, dazu noch die sitzende Haltung einnimmt und nicht an die frische Luft kommt, der muß einen Ausgleich haben. Durch Sport, Gartenarbeit oder Spaziergänge in frischer Waldluft leisten wir unserer Gesundheit unschätzbare Dienste. Die Widerstandskräfte des Körpers nehmen zu. Die Krankheitsanfälligkeit verringert sich. Schädlich für den menschlichen Körper ist nach anstrengender, bewegungsarmer täglicher Arbeit ein hastig eingenommenes Essen. Ist es dazu noch nährstoffreich und vitaminarm, so stellt es für unser Verdauungssystem eine nicht mehr zu verantwortende Belastung dar. Magen- und Darmerkrankungen können die Folge sein. Zigarettenkonsum, Medikamenten- und Alkoholmißbrauch, aber auch langes Sitzen vor dem Fernsehgerät belasten Nervensystem und Kreislauf. Der Betroffene lebt dadurch in einer ständigen Streßsituation. Selbst der Schlaf ist für ihn nicht mehr erholsam. Müde und gereizt kann auf Dauer kein Mensch seine tägliche Arbeit verantwortungsvoll verrichten.

Zur Gesundheit des Menschen trägt auch sein Wohlbefinden bei. Eine erfrischende Dusche, richtige Körperpflege, Hygiene und natürliche Kosmetik können hierzu verhelfen. Gerade eine natürliche Körperpflege und keine dick aufgetragene Kosmetik läßt unsere Haut „atmen". Sie wird widerstandsfähig, indem sie einen Schutz bildet, der krankheitserregende Stoffe aus der Umwelt abweist.

Weiterhin sollten wir die Möglichkeiten der angebotenen Vorsorgemaßnahmen wahrnehmen. Hierdurch tragen wir zur Erhaltung unserer Gesundheit bei.

Dies belastet die Gesundheit	Dies kannst du tun, um die Belastungen möglichst gering zu halten
Medikamentenmißbrauch	Medikamente nur nach ärztlichen Anweisungen einnehmen!
Rauchen, Alkohol und Drogen	Vermeide Situationen, in denen geraucht und Alkohol getrunken wird oder Drogen eingenommen werden!
Lärm und laute Musik	Bei unausweichlichem Lärm Ohren schützen! Musik auf Zimmerlautstärke einstellen!
Mangelnde Körperpflege	Regelmäßig duschen oder baden, Zähne putzen, Finger- und Fußnägel kurz und sauber halten! Auch die Geschlechtsorgane täglich waschen!
Einseitige Ernährung	Abwechslungsreiche und ausgewogene Kost essen, dabei jede Hast vermeiden!
Zu wenig Schlaf	Täglich 8 bis 9 Stunden Schlaf!
Bewegungsmangel	Unnötiges Sitzen vermeiden; viele Gänge lassen sich zu Fuß erledigen! Sport treiben!
Stundenlanges Fernsehen	Wähle im Fernsehprogramm nur die Sendungen aus, die dich wirklich interessieren!

143.1. Gesundheit und Lebensweise hängen zusammen

Mensch und Umwelt

144.1. Folgen der Wasserverschmutzung

3. Sammle Zeitungsartikel und Bilder für eine Ausstellung, die sich mit Umweltproblemen befaßt!

1. Der Mensch – ein Feind seiner Umwelt?

Trimm dich durch Müll!

Unter diesem Motto schwärmten am vergangenen Sonnabend 27 Schülerinnen und Schüler der Paulus-Schule durch den Stadtwald, um einen Beitrag zum Umweltschutz zu leisten. Bewaffnet mit Plastiksäcken, Eimern, Gummihandschuhen und Papierzangen füllten sie während dieser vier Stunden dauernden Aktion einen Tieflader von sechs Meter Länge und zweieinhalb Meter Breite mit Blechdosen, leeren Flaschen, Plastiktüten und anderem Müll. Der Leiter des Forstamtes staunte: „In den 17 Jahren meiner Tätigkeit als Forstbeamter habe ich noch nicht erlebt, daß jemand etwas ohne Entgelt für unseren Wald tut!" Die Begeisterung war bei den freiwilligen Müllsammlern groß, als die vom Städtischen Forstamt gestiftete Erbsensuppe verteilt wurde.

1. Was können wir mit einer solchen Aktion für unseren Wald tun?

2. Welche Folgen für unser eigenes Verhalten sollte eine solche Aktion haben?

„Erste Trinkwasserquellen durch sauren Regen belastet" – „Schwierige Verhandlungen über saubere Luft" – „Ölverschmutzung in der Nordsee" – „Beinahe täglich verschwindet eine Tierart für immer" – Schlagzeilen, wie wir sie täglich in den Zeitungen lesen können. Sie zeigen uns, daß in unserer Umwelt immer häufiger Probleme auftreten: Verschmutzung unserer Gewässer und der Luft, Zunahme des Mülls, Belästigung durch Lärm und das Aussterben vieler Tier- und Pflanzenarten. Hiermit sind aber noch viele Folgewirkungen verbunden, deren Ausmaß wir zu diesem Zeitpunkt oft noch gar nicht erkennen. Erst seit einigen Jahren stellt man als Folge der Luftverschmutzung und des sauren Regens ein Waldsterben fest. Unsere Wälder sind jedoch Lebensräume für viele Pflanzen und Tiere. Wird der Wald vernichtet, gefährden wir auch die darin lebenden Pflanzen und Tiere. Für Straßen, Flugpisten, Wohngebiete aber auch für Skipisten opfern wir jährlich wertvolle Wald- und Feldgebiete. Wir vernichten damit Lebensräume und beeinträchtigen auf großen Flächen die wechselseitigen Beziehungen zwischen Pflanzen und Tieren.

145.1. Luftverschmutzung durch Industrieabgase

145.2. Schadwirkung durch Industrieabgase

Aber nicht nur in unserem Land beherrschen Umweltprobleme die Schlagzeilen. Aus Berichten über gefährdete Natur in unseren Nachbarländern erkennen wir, daß Umweltgefährdung keine Grenzen kennt. Mit Schadstoffen belastetes Wasser, mit Abgasen verschmutzte Luft gelangt über Länder und Grenzen hinweg und gefährdet die Umwelt. Auch in Hessen sind daher nicht alle Probleme „hausgemacht", sondern ebenso Folgen der Verschmutzung in weit entfernt gelegenen Gebieten.

Ist diese Umwelt überhaupt noch zu retten? Bleiben wir ein „Feind" unserer Umwelt oder gelingt es uns, unsere Verhaltensweisen so zu ändern, daß wir „Freund" und „Bewahrer" unserer Umwelt, unseres Lebensraumes werden? Wir alle erkennen, daß wir viele Verhaltensweisen und Einstellungen ändern müssen, wenn wir die Umwelt auch für unsere Enkel bewahren wollen. Welche Verhaltensweisen von dir verändert werden könnten, findest du vielleicht heraus, wenn du am Beispiel des Teiches, der Fließgewässer und des Waldes erfährst, welche Wechselbeziehungen zwischen Pflanzen und Tieren in diesen Lebensräumen bestehen.

Ein Ferienerlebnis

Sonja erzählt: „Jeden Sommer fuhren wir zum Schwimmen an den Neudorfer See. Diesmal stand ein Schild am Strand ‚Baden verboten!' Meine Eltern und ich waren enttäuscht. Doch beim Spaziergang um den See wurde uns klar, warum er für den Badebetrieb geschlossen wurde. Vom Steg, wo sonst die Angler saßen, blickten wir ins trübe Wasser. An der Bucht strömte uns ein fauliger Gestank entgegen. Abgestorbene Algenmassen verwesten hier im Schilf und auf dem Schlick. Auf dem Wasser trieben Algen wie grüne Wattepolster.

Am Ufer hatte der Wind Schaum zusammengeweht, der wie schmutzige Sahne auf der Oberfläche lag. Hin und wieder schillerten Ölspuren in allen Farben auf dem Wasserspiegel. Weiter konnten wir nicht am Seeufer entlanggehen. Ein hoher Zaun vor einem neu errichteten Campingplatz versperrte uns den Weg, so daß wir umkehren mußten."

4. Wie mag der See noch vor ein paar Jahren ausgesehen haben?

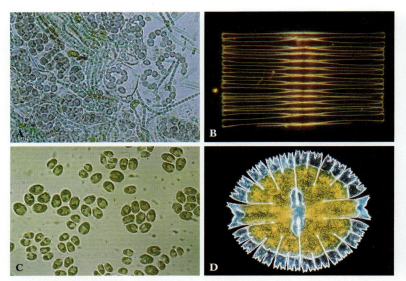

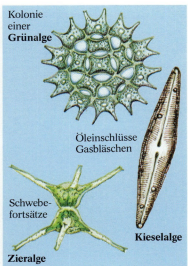

146.1. Pflanzliches Plankton. A Blaualgen; B Kieselalgen;
C Grünalgen; D Zieralgen

*146.2. Schwebeeinrichtungen bei
pflanzlichem Plankton*

2. Unsere Teiche, Seen und Bäche in Gefahr

2.1. Wir untersuchen Teichwasser

Andrea und Marcus ziehen Kescher mit unterschiedlichen Maschenweiten durch das freie Wasser des Teiches. Als sie ihre Fänge vergleichen, schwimmen in Marcus Glas drei Jungfische. Andrea hat keinen Fisch erwischt. Trotzdem sagt sie: „Wetten, daß ich mehr gefangen habe als du?" Sie hält das Glas gegen das Licht. In den feinen Maschen ihres Netzes hatten sich Kleinlebewesen verfangen. Sie schweben nun im Wasser, färben es gelblich-grün und sinken langsam zu Boden. Erst ein Blick durch das Mikroskop überzeugt Marcus.

Ein Tropfen Teichwasser enthält eine Vielzahl von solchen Kleinlebewesen, die insgesamt als **Plankton** bezeichnet werden. Das *pflanzliche Plankton* besteht aus **Algen.** Sie sind einfach gebaute Pflanzen, die Blattgrün enthalten. Algen treten im Plankton als Einzelzellen oder lockere Zellhaufen auf. Diese Zusammenlagerungen werden als *Kolonien bezeichnet.*
Einige **Blaualgen** sind einzellige Kugeln oder kurze Stäbchen, andere mehrzellige Fäden.

Kieselalgen besitzen glasartige Zellwände, deren Oberfläche Streifen-, Punkt- oder Siebmuster aufweisen. Sie sind häufig wie Schiffchen oder Sternchen geformt. Einige **Grünalgen** tragen fadenartige Geißeln, mit denen sie sich fortbewegen. Die einzelligen **Zieralgen** zählen zu den schönsten Algen. Sie sind aus zwei spiegelgleichen, regelmäßig geformten Hälften aufgebaut.

Für das pflanzliche Plankton ist das *Schweben* im freien Wasser eine charakteristische Anpassung. Viele Algen tragen *Schwebefortsätze.* Das sind stachelige oder zackige Dornen, die die *Sinkgeschwindigkeit* gering halten. Diese Körperform erlaubt es ihnen, lange in der oberen, lichtreichen Wasserschicht zu treiben. Je größer die Oberfläche ist, um so stärker ist die Bremswirkung. Durch Zusammenschluß einzelner Zellen zu Kolonien wird diese Bremswirkung noch verstärkt.
Andere Algen führen im Zellinneren Einschlüsse wie *Öltröpfchen* oder *Gasbläschen* mit. Sie erhöhen den Auftrieb und begünstigen somit das Schweben.

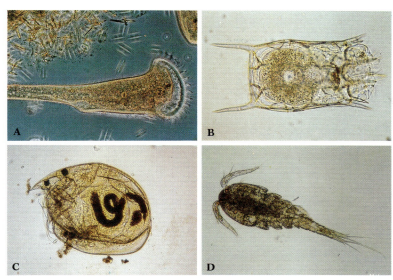

147.1. Tierisches Plankton. *A Wimpertierchen; B Rädertierchen;*
C Wasserfloh; D Hüpferling

147.2. Fortbewegung von Hüpfer-
ling und Wasserfloh

Tierisches Plankton weist keine Grünfärbung
auf. Du findest darunter einzellige und mehrzellige Lebewesen. Sie können schweben und
auch aus eigener Kraft schwimmen.

Wimpertierchen schlagen mit feinen Wimpern,
um vorwärts zu kommen. **Rädertierchen** treiben sich mit dem rhythmischen Schlagen eines
Härchenkranzes voran. Auch kleine Krebsarten
gehören zum Plankton. *Blattfußkrebse* schlagen ruckartig mit ihren verzweigten Antennen
am Kopfende. Da sie dabei wie Flöhe springen,
heißen sie auch **Wasserflöhe.** *Ruderfußkrebse*
rudern ebenfalls mit ihren Antennen. Beim Vor-
und Rückschlagen hüpfen sie ruckartig durchs
Wasser. Diese Bewegungsweise brachte ihnen
den Namen **Hüpferlinge** ein.

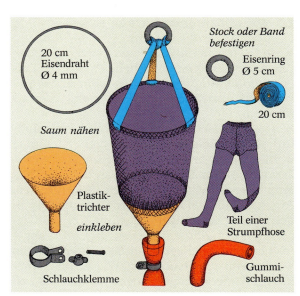

147.3. Wie man sich selbst ein Planktonnetz baut

1. Baue ein Planktonnetz nach Abbildung 143.3.,
um größere Mengen Kleinlebewesen aus dem Was-
ser zu filtrieren. Ziehe es unterhalb der Teichober-
fläche durch das freie Wasser. Öffne die Klammer
und gib die Probe in ein Glas!

2. Sauge mit einer Pipette Plankton aus dem Glas
und gib einen Tropfen davon auf den Objektträger.
Lege einige Wattefäden darüber und lege ein Deck-
glas auf. Mikroskopiere bei verschiedenen Vergrö-
ßerungen!

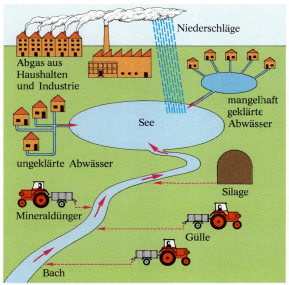

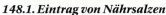

148.1. Eintrag von Nährsalzen

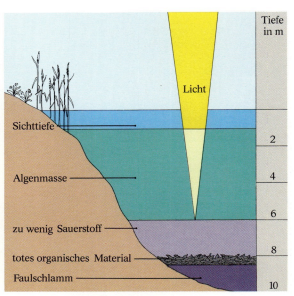

148.2. Folgen der Überdüngung

2.2. Die Leidensgeschichte eines Sees

Viele Seen werden von einer weitverbreiteten, schleichenden Krankheit befallen, die man als „Überernährung" bezeichnen könnte. Sie bekommen „Kreislaufstörungen" und sterben eines Tages.

Seit einigen Jahrzehnten ist die Nährstoffzufuhr in die Seen beträchtlich gestiegen. In erster Linie werden die Seen mit *Haushaltsabwässern* belastet. Darin befinden sich Wasch- und Spülmittel, die das Mineralsalz *Phosphat* enthalten. Aus mangelhaften Kläranlagen werden menschliche Ausscheidungen zugeführt, die vorwiegend mit dem Mineralsalz des *Stickstoffs* angereichert sind. Mit Regenrinnsalen und Zuflüssen werden von den Feldern und Wiesen phosphathaltige Mineraldünger eingeschwemmt. Auch Jauche- oder Güllereste fließen auf diese Weise dem See zu. Die Folge ist, daß der See ständig gedüngt wird.

Diese Zufuhr von Nährstoffen „kurbelt" das Leben im See erheblich an. Vorwiegend *Blau-* und *Grünalgen* nehmen dieses reichliche Angebot begierig auf. Sie wachsen schneller und vermehren sich stark. Das Wasser färbt sich dunkelgrün. Die Planktonfresser finden nun ein überreichliches Nahrungsangebot vor und vermehren sich ebenfalls stärker. Auch die Zahl der Fische steigt mit der Massenentfaltung ihrer Nahrung. Doch diese zunächst günstige Entwicklung überschreitet irgendwann einen Höhepunkt. Das eingependelte Gleichgewicht zwischen *Erzeugern*, *Verzehrern* und *Zersetzern* gerät ins Wanken:

Die Algenmassen wachsen sehr stark. Die Folge ist, daß das vom Plankton getrübte Wasser nicht mehr genug Licht in die Tiefe läßt. *Unterwasserpflanzen* und *Algen* in tieferen Wasserschichten sterben. Die *Bakterien* vermehren sich und verbrauchen viel Sauerstoff. *Schnecken, Hüpferlinge* und *Wasserflöhe* sterben an Sauerstoffmangel. Der Seeboden wird von Pflanzen- und Tierleichen überhäuft. Die unvollständig zersetzten Reste faulen und bilden giftige Gase. Mit der Zeit wird die Schicht aus sauerstofflosem Wasser und Faulschlamm immer höher. Man sagt: „Der See kippt um." In einem solchen See ist tierisches und pflanzliches Leben nicht mehr möglich.

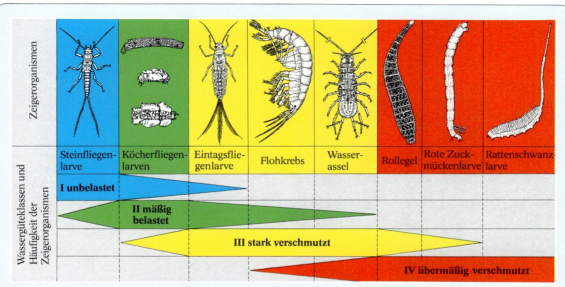

149.1. *Zeigerorganismen und Wassergüteklassen*

Wie du die Wassergüte abschätzen kannst

Kleintiere des Wassers stellen unterschiedliche Ansprüche an die Umweltbedingungen ihres Lebensraumes, insbesondere an den Sauerstoffgehalt. Von ihrem Vorkommen lassen sich Rückschlüsse auf den Zustand des Wassers ziehen. Du kannst daher gewisse Tiere als **Zeigerorganismen** verwenden. In Abbildung 81.1. stehen links die Tiere mit dem größten Sauerstoffbedarf. Nach rechts nimmt der Sauerstoffbedarf der Kleintiere ab. Du kannst die *Wassergüte* eines Baches oder Flusses damit selbst annähernd bestimmen. Aus geröllreichem Uferwasser hebst du zehn etwa faustgroße Steine auf. Die daraufsitzenden Tiere streifst du mit einem weichen Tuschpinsel ab. An sandigen Uferstellen ziehst du mit einem Mehlsieb oder Kescher zehnmal durch einen Bestand von Wasserpflanzen. Jedesmal machst du einen

Zug über eine Strecke von etwa 50 cm. Mit einer Pinzette entnimmst du die Tiere und sammelst sie in einem Schälchen. Danach sortierst du deinen Fund nach den Formen, die du mit dem bloßen Auge unterscheiden kannst, in verschiedene Schälchen. Findest du von einer Art mehr als zehn Lebewesen, wertest du sie als häufig vorkommend. Teile ein, ob eine Art häufig oder selten auftritt. Vergleiche nun mit dem unteren Teil der Abbildung und ziehe aus den häufig vorkommenden Arten Rückschlüsse auf die **Wassergüteklasse.** Bedenke, daß die Übergänge von einer Güteklasse zur anderen fließend sind. Wenn **Steinfliegenlarven** gehäuft auftreten, ist das Wasser unbelastet und hat die *Güteklasse I.* Führen dagegen Zuckmückenlarven und **Rollegel** deinen Fund an, so hat es die *Güteklasse IV.*

149.2. *Verschmutzung von Main und Kinzig*

1. *Fließgewässer reinigen sich teilweise selbst. Suche dafür Belege aus der Gewässergütekarte!*

150.1. Trinkwassernotstand

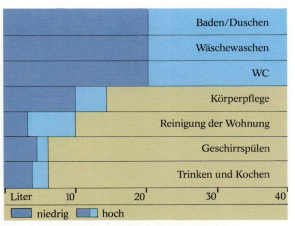

150.2. Wasserverbrauch pro Person und Tag

1. Lies an zwei aufeinanderfolgenden Tagen zur selben Zeit den Zählerstand der Wasseruhr ab. Berechne den Tagesverbrauch und vergleiche mit dem Wert aus der Tabelle!

3. Trinkwasser morgen durch Verantwortung heute

3.1. Kann Trinkwasser bei uns knapp werden?

Schau doch einmal auf einen Globus! Du wirst entdecken, daß der größte Teil der Erdoberfläche von Wasser bedeckt ist. Wieso kann Wasser dann überhaupt knapp werden?

Etwa 99% des Wassers auf der Erde sind Salzwasser, nur 1% ist **Süßwasser.** Nur Süßwasser kann als **Trinkwasser** verwendet werden. Unser Trinkwasser stammt aus den Niederschlägen, zum Beispiel also aus Regen, Schnee oder Hagel. Auf das Gebiet der Bundesrepublik fällt jährlich soviel Niederschlag, daß der Bodensee viermal gefüllt werden könnte. Die Hälfte davon verdunstet wieder. Als Trinkwasser bleiben 105 Milliarden m^3 übrig. Müßte diese Menge nicht für 60 Millionen Bundesbürger reichen?

Der Flüssigkeitsbedarf des menschlichen Körpers beträgt täglich etwa 3 Liter. Tatsächlich aber verbraucht ein Bundesbürger fast 200 Liter Wasser an einem Tag. Wie kommt es zu diesem hohen *Wasserverbrauch?*
Die Menschen benutzen für Haushalt und Körperpflege ebenfalls Trinkwasser. Dies macht etwa die Hälfte des Wasserverbrauchs aus. Die andere Hälfte ergibt sich, wenn man den Wasserverbrauch der Industrie und der öffentlichen Einrichtungen wie Schulen und Krankenhäuser dem Pro-Kopf-Verbrauch hinzurechnet. So erfordert die Verarbeitung von Rohprodukten zu Nahrungsmitteln oder Verbrauchsgütern erhebliche Trinkwassermengen. Um 1 Liter Milch zu Milchprodukten zu verarbeiten, benötigt man 40 Liter Trinkwasser. Die Herstellung des Papiers für dieses Buch erforderte etwa 1800 Liter Wasser.

Nur Wasser einer bestimmten Qualität eignet sich als Trinkwasser: Es muß frei sein von Krankheitserregern. Wichtig ist auch, daß es kühl und klar ist, keine Färbung aufweist und frei von unangenehmen Geschmack oder Geruch ist. Trinkwasser kann auch gelöste Salze enthalten. Der Gehalt darf jedoch eine bestimmte Menge nicht überschreiten.

Der zuverlässigste Lieferant für Trinkwasser ist das **Grundwasser.** Die Nutzung von Grundwasser ist jedoch nicht grenzenlos möglich. Das

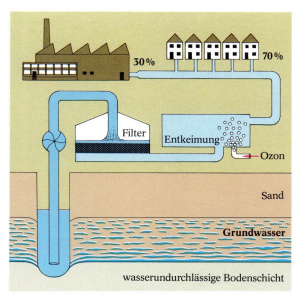

151.1. Trinkwassergewinnung aus Grundwasser

151.2. Nilhecht bei der „Arbeit"

„Tolle Hechte" testen die Wasserqualität!

Wasser der Flüsse und Seen sowie das Regenwasser benötigen Zeit zum Versickern, um zu Grundwasser zu werden. Um ausreichende Mengen an Grundwasser zu fördern, muß man heute schon über 100 Meter tiefe *Brunnen* bohren. Durch zu hohe Förderung ist der Grundwasserspiegel im Laufe der Zeit abgesunken. Auch Schadstoffe aus Müllkippen und Düngemittelreste aus der Landwirtschaft, die mit dem Regenwasser ins Grundwasser gelangen, machen das Wasser aus höher gelegenen Brunnen ungenießbar. Der Rest des Trinkwasserbedarfs wird mit erheblichem Kostenaufwand aus *Seen*, *Flüssen* und *Talsperren* gedeckt.

In Teilen der Bundesrepublik mit hoher Bevölkerungsdichte ist die Versorgung mit gutem Trinkwasser schwierig geworden. Die Bodenseeanwohner trinken Seewasser und geben es als gereinigtes Abwasser in den See zurück. In Basel wird das Wasser aus dem Rhein erneut als Trinkwasser genutzt. Wissenschaftler haben errechnet, daß das Wasser des Rheins, ehe es in die Nordsee fließt, bereits siebenmal von Menschen getrunken worden ist.

Ein 10–15 cm langer **Nilhecht** sieht aus wie ein Spielzeugdelphin und kostet im Zoogeschäft knapp 20,– DM. Er leistet mehr, als sein Preis verrät. Der Nilhecht ist das Kernstück einer elektronischen Trinkwasserüberwachung in einem Wasserwerk. Der kleine Fisch sendet in regelmäßigen Abständen etwa 400–800 Stromstöße pro Minute aus. Ändert sich die *Wasserqualität*, fühlt er sich „unbehaglich" und sendet weniger Stromstöße aus. Durch Versuche hat man festgestellt, daß der Nilhecht auf fast 15 000 Schadstoffe, die im Wasser vorkommen können, reagiert. Der Fisch dient somit als **„Lebendiger Indikator".**

Der Nilhecht wird in einem kleinen Becken gehalten, dessen Wasserstrom auf 26° C erwärmt wird. An den Enden des Glasbeckens befinden sich Silberdrähte, die die Stromstöße über einen Verstärker in einen Computer geben. Registriert dieser weniger als 300 Stromstöße pro Minute, dann wird ein Alarm ausgelöst. Chemiker müssen dann untersuchen, welche Stoffe die Wasserqualität verändert haben.

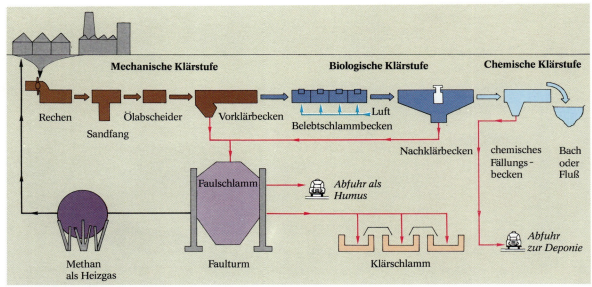

Mechanische Klärstufe   **Biologische Klärstufe**   **Chemische Klärstufe**

Rechen   Ölabscheider   Vorklärbecken   Luft
      Sandfang   Belebtschlammbecken

      Faulschlamm   *Abfuhr als Humus*   Nachklärbecken   chemisches Fällungs-becken   Bach oder Fluß

      Methan als Heizgas   Faulturm   Klärschlamm   *Abfuhr zur Deponie*

152.1. *Schema einer Kläranlage*

3.2. Abwasser muß gereinigt werden

Im Jahr 1969 beobachteten Anwohner des Rheins, daß riesige Mengen toter Fische im Wasser trieben. Nach Schätzungen waren es 40 Millionen. Die Ursache für das Fischsterben war Wasserverschmutzung.

In den Rhein werden pro Jahr 12 Millionen m^3 **Abwasser** eingeleitet. Aus den Haushalten stammt eine Hälfte der Abwässer. Diese enthalten menschliche Ausscheidungen und erhebliche Mengen an Wasch- und Reinigungsmitteln. Die andere Hälfte des Abwassers entstammt der Industrie. Diese Abwässer enthalten viele Schadstoffe und in Wasser gelöste Salze. Der Rhein transportiert je Sekunde außerdem 350 kg Salze in die Nordsee. Dies entspricht pro Tag einer Salzmenge, die 50 Güterzüge mit je 50 Waggons füllen würde.

Außerdem gelangen durch die im Rheingebiet intensiv betriebene Landwirtschaft große Mengen an Pflanzenschutzmitteln und Reste von Düngemitteln mit dem Regenwasser in den Rhein. Ähnliche Verhältnisse finden wir an vielen großen Flüssen der Bundesrepublik.

Heute werden schon über 60% der Abwässer gereinigt, bevor sie in die Flüsse eingeleitet werden. Die Reinigung erfolgt in **Kläranlagen** über mehrere Reinigungsstufen: Zuerst werden die Abwässer in der **mechanischen Klärstufe** gereinigt. Siebe und Rechen halten groben Unrat zurück. In einem Vorklärbecken setzen sich Sand und Feststoffe ab. Öl und Fett schwimmen auf der Oberfläche, sie werden abgeschöpft.

In der **biologischen Klärstufe** fließt das vorgeklärte Abwasser in ein Becken mit Kleinstlebewesen. Es heißt Belebtschlammbecken. Diese Kleinstlebewesen bauen die organischen Verunreinigungen im Wasser ab, dazu benötigen sie Luftsauerstoff. Deshalb wird in das Belebtschlammbecken Luft eingeblasen.

Der übrig bleibende Faulschlamm wird in einen Faulturm geleitet. Dort entsteht unter Entwicklung von Faulgas Klärschlamm.

Einige Kläranlagen besitzen eine dritte Stufe, die **chemische Klärstufe.** Dort werden durch eine Eisensalzlösung die Phosphate entfernt, die hauptsächlich aus den Waschmitteln stammen. Erst danach fließt das geklärte Wasser in einen Bach oder Fluß.

153.1. Mechanische Reinigung
(Sandfang)

1. Setze 1 l Leitungswasser je einen Löffel Sand und Salatöl zu. Gib dieses so verunreinigte Wasser in einen 100 ml-Meßzylinder. Lasse die Probe 5 Minuten stehen. Was kannst du beobachten?

153.4. Versuch zur mechanischen Reinigung

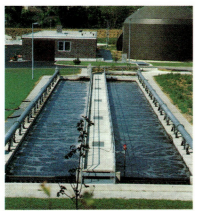

153.2. Biologische Reinigung
(Belebtschlammbecken)

2. Besorge dir fauliges Blumenwasser aus einer Blumenvase. Fülle zwei Bechergläser damit. Setze in eines der Gläser eine Belüftungseinrichtung eines Aquariums ein. Decke das zweite Glas mit Frischhaltefolie zu. Belüfte die eine Probe 5 Tage lang, laß die andere Probe ruhig stehen. Vergleiche!

153.5. Versuch zur biologischen Reinigung

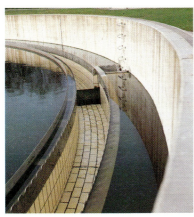

153.3. Chemische Reinigung
(Fällungsbecken)

3. Löse einen Teelöffel voll Waschpulver in Wasser. Fülle mit dieser Lösung einen Tropftrichter. Gib zu dieser Lösung einige ml frisch bereitete Eisen(III)-chloridlösung. Verschließe den Tropftrichter mit einem Stopfen, schüttle den Inhalt gut durch und lasse den Tropftrichter einige Minuten stehen. Was kannst du beobachten?

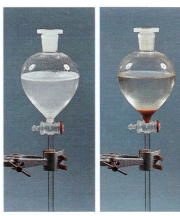

153.6. Versuch zur chemischen Reinigung

154.1. Schäden durch „Sauren Regen"

154.2. Fichtenzweig. A gesund; B krank

4. Der Wald stirbt nicht allein

Fast täglich gibt es neue schlechte Nachrichten: Unsere Wälder sind sterbenskrank! Besonders betroffen sind Nadelbäume wie Tannen, Fichten und Kiefern. Aber auch an Laubgehölzen werden zunehmend Schäden beobachtet. Was macht die Bäume krank?

Wissenschaftler vermuten, daß vor allem die Luftverschmutzung das **Waldsterben** verursacht. Schädliche Abgase aus Kraftwerken, Industrieanlagen, Kraftfahrzeugen und privaten Heizungen werden vom Wind Hunderte von Kilometern weit transportiert. Diese Schadstoffe aus den Verbrennungsvorgängen, vor allem *Schwefeldioxid*, verbinden sich mit der Feuchtigkeit der Luft. Die Folgen sind schwefelsaure Niederschläge. Dieser **„Saure Regen"** zerstört die Wachsschicht der Blätter und schädigt die feinen Haarwurzeln. Durch die zunehmende Menge dieser Schadstoffe werden die Bäume immer stärker belastet. Die natürliche Widerstandskraft gegen Schädlinge, extreme Kälte und Trockenheit läßt nach. Verschiedene Einflüsse können sich also in ihrer Wirkung gegenseitig verstärken. Ob eine Fichte krank ist,

kannst auch du erkennen: Wenn du am Stamm stehst, hinaufschaust und den Himmel sehen kannst, ist sie schon krank. Die älteren Nadeljahrgänge sind abgefallen, und die Krone hat sich gelichtet.

Wälder haben nicht nur einen Nutzen als **Holzlieferant.** Von viel größerer Bedeutung sind ihre Einflüsse auf die Wasserversorgung, das Klima und den **Boden.** Verschwindet der Wald an Berghängen, kann Regen ungehindert die sonst von den Wurzeln der Bäume, Sträucher, Kräuter und Gräser festgehaltene fruchtbare Humusschicht abtragen. Da der natürliche **Windschutz** fehlt, wird dieser Bodenabtrag noch verstärkt. Die Wälder haben zusätzlich eine wichtige Aufgabe als **Wasserspeicher.** Es kann zu schweren Überschwemmungen kommen, wenn keine dichte Pflanzendecke heftige Niederschläge auffängt. Infolge des schnellen oberirdischen Abflusses des Regenwassers werden die Quellen nicht mehr gleichmäßig gespeist. Wenn diese regulierende Wirkung der Wälder fehlt, kann der Grundwasserspiegel absinken und Wassermangel die Folge sein. Das unterirdisch abfließende

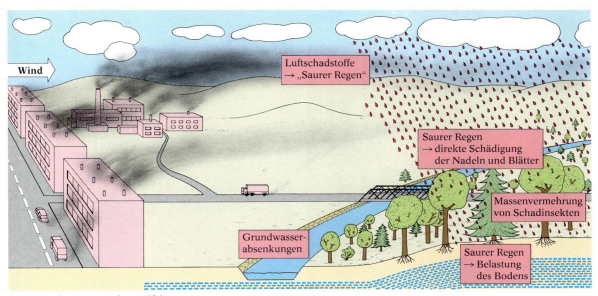

155.1. Belastungen der Wälder

Wasser aus Waldgebieten ist besonders sauber. Der Waldboden als natürlicher **Wasserfilter** würde entfallen.

Wälder fangen jährlich viele Tonnen Staub aus der Luft ab. Sie wirken wie **Luftfilter.** Die Luftreinigung ist besonders in der Nähe von Großstädten und industriellen Ballungsräumen wichtig.

Viele Menschen bevorzugen den Wald als **Erholungsraum.** Sie finden in ihm Ruhe, reine Luft und Schutz vor großer Hitze.

Sterben unsere Wälder, dann verschwinden auch Millionen von Pflanzen und Tieren, die diesen **Lebensraum** benötigen, für alle Zeiten.

Wir dürfen daher nicht länger zögern. Durch hohe Schornsteine oder durch das Kalken der Wälder werden die Bäume sicherlich nicht gerettet. Ein Ende des Waldsterbens kann nur erwartet werden, wenn die Luft nicht weiterhin verschmutzt wird. Besondere technische Verfahren sind notwendig, um die Schadstoffe zurückzuhalten. Ein Beispiel dafür ist der Einbau von besonderen Filteranlagen zur Abgasreinigung in Kraftfahrzeuge.

Da Luftverschmutzung keine Grenzen kennt, müssen international Schritte unternommen werden, um die Wälder zu retten. Zu viele Wälder sind in letzter Zeit leichtfertig für Siedlungen und Verkehrswege geopfert worden. Um Naturkatastrophen zu verhindern, müssen Monokulturen durch naturnahe Wälder ersetzt werden. Auf diese Weise können Lebensgemeinschaften erhalten und geschützt werden. Da auch wir Menschen unseren Platz in diesen Lebensgemeinschaften haben, ist **Naturschutz** für uns lebenswichtig.

1. Warum ist es nicht ausreichend, wenn nur im Bundesgebiet Vorsorgemaßnahmen gegen die Luftverschmutzung getroffen werden? Begründe das mit Hilfe einer Karte „Industriegebiete Europas" aus dem Atlas!

2. Welche Bedeutung hat der Wald in der Natur und für uns Menschen?

3. Beschreibe mit Hilfe der Abbildung 155.1., wie sich verschmutzte Luft auf Wälder auswirkt!

1. Sieh dich in deinem Schulgelände um, ob es Möglichkeiten bietet, einen Schulgarten anzulegen oder wenigstens kleine Teile eines Schulgartens einzurichten! Fertige einen Plan an! Besprich ihn mit deinen Mitschülern und deinem Biologielehrer!

2. Informiere dich über die für Gartenarbeiten zweckmäßigen Gartengeräte! Erstelle eine Liste!

3. Erkunde bei Eltern, Gärtnern und Gartenbaufachleuten Tips für Bodenbearbeitung und Kompostierung.

4. Stelle rechtzeitig einen Plan über die Nutzung der Beete auf. Erstelle eine Liste über das benötigte Saatgut.

156.1. Schüler bei der Arbeit im Schulgarten

5. Der Schulgarten – Umweltschutz in der Schule

156.2. Zierpflanzen und Kräuter im Schulgarten.
A Schon im zeitigen Frühjahr blüht die **Küchenschelle.** Sie steht unter Naturschutz. **B** Die **Lupine** blüht von Mai bis in den Spätsommer. Durch Zurückschneiden aller verblühten Triebe erreicht man eine monatelange Blütezeit. Lupinen sind Stickstoffsammler. Sie verbessern dadurch den Boden.

C Salbei, D Melisse. Ein Salbeitee hilft bei Entzündungen der Atmungsorgane, vor allem als Gurgelmittel bei Halsschmerzen. Salbeiblätter werden auch als Soßen- und Bratengewürz verwendet. Melissentee wirkt beruhigend und krampflösend. Frische Melissenblätter sind außerdem ein feines Gewürz für Salate, Quark- und Kräutersoßen.

E Boretsch, F Majoran. Die frischen jungen Blättchen des Boretsch verwendet man als Salatgewürz. Die getrockneten Blätter und Triebspitzen des Majoran verleihen dem Bratenfleisch, aber auch Kartoffel- und Eintopfgerichten einen aromatischen Geschmack.

157.1. Anlage eines Gartenteichs

Ein Feuchtgebiet im Schulgelände

Für einen kleinen Teich oder Tümpel läßt sich oft ein Platz im Schulgelände oder im Schulgarten finden. Wir wollen aber keinen Goldfischteich anlegen, sondern ein natürliches Kleingewässer nachahmen. In ihm sollen einheimische Pflanzen und Tiere leben.

Zunächst müssen wir das Erdreich ausheben. Das Ufer soll möglichst ringsherum flach auslaufen. Etwa ein Drittel der Teichfläche soll zur Sumpf- und Flachwasserzone werden. Hier heben wir die Erde nur 20 bis 30 cm tief aus. Den größeren Teil soll die Tiefwasserzone einnehmen. Dort müssen wir 50 bis 100 cm tief ausgraben. Damit später der Bodenbelag nicht abrutscht, stufen wir die Böschungen muldenartig ab.

Den gesamten Teichboden legen wir mit einer Kunststoffolie aus. Sie muß mindestens 0,5 mm dick sein und sollte nur aus einem Stück bestehen. Für ihre Größe gehen wir von folgender Regel aus: Länge=Teichlänge+doppelte Tiefe, Breite=Teichbreite+doppelte Tiefe. Vor dem Auslegen der Folie achten wir darauf, daß keine spitzen Steine aus dem Untergrund hervorstehen. Die Folie bedecken wir mit einer etwa 10 cm dicken Schicht einer Sand-Lehm-Mischung. Nun lassen wir vorsichtig das Wasser einlaufen. Beim Gärtner beschaffen wir uns verschiedenartige einheimische Wasserpflanzen und setzen sie in entsprechender Tiefe ein. Wasserkäfer, Libellen und andere Kleintiere stellen sich meist von selbst ein. Oft siedeln sich auch Frösche, Kröten und Molche an.

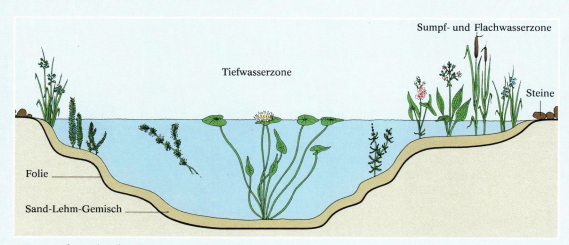

157.2. Anlageplan für einen Gartenteich (Querschnitt)

158.1. Anbringen eines Nistkastens

6. Sinnvolle Freizeit –
Tiere schützen

„… den Schutz von Tieren tatkräftig unterstützen wollen, gebe ich hier die Kontonummer bekannt " – Fast nach jeder Sendung über die bedrohte Tierwelt kann man diese Bitte hören. Es sind umfangreiche Geldmittel erforderlich, um weltweit Tiere vor dem Aussterben zu bewahren. Geld allein reicht aber nicht aus. Genauso wichtig sind Menschen, die sich unentgeltlich für den Schutz von Tieren einsetzen. Auch du kannst helfen, ohne dein Taschengeld opfern zu müssen. Arbeite einfach mit: In der Vogelschutzgruppe, in der Waldjugend oder bei den Amphibienschützern. Das ist nur eine kleine Auswahl von Gruppen, die sich aktiv um den Schutz von Tieren bemühen. Diese Gruppen freuen sich über jeden, der mitarbeitet. Ein bißchen Zeit und Freude an Tieren sind die einzigen Voraussetzungen. Vielleicht könnt ihr auch eine Gruppe in der Schule gründen!

1. Erkundige dich nach Adressen tierschützerischer Gruppen in deiner Gemeinde oder deinem Landkreis. Nimm Verbindung auf und bitte um Informationsmaterial und Veranstaltungstermine!

Drahtiger Schutz
für gefährdete Kröten

Seit Freitagnacht wandern in Gönningen die Kröten, wandern auf dem instinktbedingten Weg zu ihren Laichgewässern zu Dutzenden in den sicheren Tod. Überfahren von Autos, zermalmt zu unkenntlichen Gebilden auf dem Asphalt – Opfer der Zivilisation. Die Haarnadelkurve oberhalb der Gönninger Seen gehört zu den bevorzugten Wandergebieten der glitschigen Wald- und Wiesenbewohner. Unterstützt von freiwilligen Helfern begannen deshalb Mitglieder der Arbeitsgemeinschaft Amphibienschutz am Samstag dieses besonders gefährliche Straßenstück am Albaufstieg mit neuen Schutzanlagen zu sichern und alte Zäune instandzusetzen.

Das schützende Sechseckgeflecht aus verzinktem Draht wurde oberhalb der Kurve im Wald angebracht und direkt an der Straße im Boden versenkt. Mit 50 Zentimetern Höhe stellt das Geflecht für Erdkröten und Grasfrösche ein unüberwindliches Hindernis dar. Sie wandern am Zaun entlang und fallen in von den Naturschützern aufgestellten Eimer. Freiwillige Helfer sammeln dann die Tiere ein und bringen sie zu Ersatzlaichplätzen.

Die Tier- und Umweltschützer appellieren nochmals an die Autofahrer, Warnschilder zu beachten und speziell an feuchten Stellen das Tempo zu drosseln und auf wandernde Tiere zu achten.

(Reutlinger General-Anzeiger, 14. 3. 83)

158.2. Anlage eines Krötenschutzzaunes

Register

Fette Seitenzahlen weisen auf ausführliche Behandlung im Text hin; ein * hinter den Seitenzahlen verweist außerdem auf Abbildungen; ff. = die folgenden Seiten.